女人禁制――伝統と信仰

◉人権ブックレット21号

もくじ

矢野治世美
熊本学園大学准教授

一般社団法人和歌山人権研究所　事務局

「金剛峯寺日並記」にみる女人禁制

熊本学園大学准教授　矢野治世美

はじめに

真言宗の高野山金剛峯寺（和歌山県伊都郡高野町）は、８１６（弘仁７）年に空海（弘法大師）が開創して以来、１８７２（明治５）年３月まで、一千年以上のあいだ女人禁制の地とされてきました。

中世末から近世初期にかけて流行した説経節に、高野山を舞台とした「苅萱」という作品があります。出家した筑紫国の加藤繁氏（苅萱道心）を訪ね、妻と息子の石童丸は高野山をめざしますが、その途中の学文路《かむろ》の宿屋で、高野山は「木萱草木、鳥類畜類までも、男子というものは入るれども、女子というものは入れざれば、一切女人は御きらいなり」という女人禁制の地であることを教えられます。そこで、男子の石童丸は母を置いて一人で父を訪ねて高野山に向かうことになるのですが、このような物語を通じて高野山が女人禁制の地であることを当時の人びとは認識していたのでしょう。

高野山金剛峯寺は、標高約９００メートルの山地に位置し、江戸時代には大門から奥之院までの、「内外八葉」と呼ばれる峰々に囲まれた境内地（山上）と、紀ノ川以南の紀伊国伊都・那賀両郡の山間部の村々

（山下）で構成される寺領約2万1千石を領有していました。1655（明暦元）年の時点で、山上には1883の寺院が存在し、僧侶3788人が居住していました。山上には僧侶のほか、寺院や僧侶の生活を支える商人や職人の住居や、参詣者向けの土産物や日用品を売る店が軒を連ねていました。女人禁制とされたのは山上の境内地にあたる範囲で、寺院はいうまでもなく、商人・職人の住居であっても女性は居住していませんでした。

1　女人禁制の方法

棟杭・制札の設置

女人禁制といっても、山上全体が高い塀や柵で囲まれていたわけではありません。金剛峯寺に伝来する「金剛峯寺日並記」（以下、「日並記」）という古文書から、江戸時代の高野山で女人禁制を維持するために具体的にどのような方法が取られたのかを知ることができます。「日並記」とは、金剛峯寺の年預代という役職の僧侶が、寺領内外の重要事項を日々記録したものです。いわば金剛峯寺の公的な「寺務日誌」であり、江戸時代の金剛峯寺の実態を明らかにする上でも非常に重要な史料として位置づけられています。なお、江戸時代の高野山の僧侶は、それぞれ独自の組織を形成する学侶方・行人方・聖方という三派で構成されており、「日並記」を記録した年預代は学侶方の僧侶から選出されました。

1849（嘉永2）年6月17日、奥之院の断食所の堂守（寺領内のさまざまな用務を現場で処理した僧侶）が、山上への入り口である七口の内、黒河口《くろこ》に、女性の立ち入り禁止を示す「女人留棟杭」を立てるように命じられました。七口とは、大門口、不動坂口（京口）、大滝口（熊野口）、龍神口、大峰口（野川口、東口）、黒河口（大和口）、相浦《あいのうら》口を指します。黒河口につながる黒河村の住人は、奥之院の燈明の油を補給する役目を担っていたため、日常的に黒河口を通行しており、黒河村の女性が、やむを得ない理由で結界を越え、奥之院の燈籠堂にある「貧女の一灯」の油を足しに入ったという逸話が残っています。『紀伊続風土記』などによると、七口には、車馬の乗り入れを禁止する下乗札と制札が立てられていました（相浦口・大峯口・黒河口は制札のみ）。黒河口の棟杭がこの時に初めて立てられたのか、以前からあったものを立て直したのかは不明ですが、黒河口の棟杭は長さ1間半（約2・8メートル）で、槇の木で作られていました。棟杭の表面には、「此内へ女人入へからす　若心得違之者有之におゐてハ可為曲事者也」と墨書されていました。なお、かつて高野山には「不許葷酒尼女入山門（葷酒尼女、山門に入るを許さず）」という文言が刻まれた結界石が存在していましたが、現在は撤去されているとのことです。「葷酒」はネギやニラなどの臭いの強い野菜と酒のことで、修行の妨げになるという理由で僧侶は飲食することを禁じられていました。

　女性参詣者は通常、女人堂をつなぐ山道（女人道、結界道）をたどりながら、御廟や壇上伽藍を遥拝することになっており、『紀伊国名所図会』（1839〈天保10〉年成立）の挿絵には、轆轤《ろくろ》峠から壇上伽藍を遠望する女性の姿が描かれています。ところが、女性参詣者が山道を外れて、しばしば奥之院や寺院に迷い込むことがありました。そのため、女性が立ち入らないように、御廟近くには門が、「和佐峯」に乱杭が設置されていました。

大坂町中に建てられた制札

七口だけではなく、寺領の村々や寺領外にも女人禁制を指示する制札が立てられることがありました。たとえば、１７３４（享保19）年1月には、大坂町中に次のような制札が立てられました。

「日並記」享保19年1月21日

一、大坂町板札立て候草案

当年三月廿一日、弘法大師九百年忌につき、女人を許して一日高野山の境内へ入れ候様に相触れ候由、その聞こえこれ有り候、高野山は大師以来女人結界の地にて候えば、一日の儀は申すに及ばず、少しの間にても女人境内へ入れ候儀、これを許さず候、口々女人堂迄は有り来りの通、参詣を許し候、以上

寅正月日　　高野山寺務青巌寺

役人

右の通り五枚相調え候、筆者持宝院

1月ごろに、弘法大師の九百年遠忌の法要が行われる3月21日（旧暦3月21日は弘法大師が入定した日）のみ、特別に女性の境内への立ち入りが許されるという噂が世間に流れたようです。一千年遠忌を翌年に控えた１８３３（天保４）年6月にも同様の噂が流れ、大坂・美濃・尾張あたりでは偽って、女性が身につけておくと壇上伽藍や奥之院まで参詣が許されるという「御札」を売り歩く者まで現われま

した。
このような噂を問題視した金剛峯寺は、寺領の慈尊院村・花坂村・荒川市場村と麻生津《おうづ》峠の人目につく場所に、女人禁制を指示する制札を立てるよう命じました。

「日並記」天保4年6月7日

覚

来午三月、弘法大師一千年御忌につき、当山へ女人参詣相成る等と謂ふらし候由、当山は女人結界の地に候ゆえ、女人堂より内へは女人立ち入り候儀、堅く相成らず候者なり

巳七月　高野山学侶

年預坊

役人

開祖・弘法大師の遠忌という、とりわけ重要な法要に関わって女人禁制が指示・再確認されているわけですが、「遠忌だから女性の参詣が許可される」という噂が流布したことが注目されます。このような噂は九百年遠忌のころから流行ったとみられており、1784（天明4）年の九百五十年遠忌の際にも、「高野山の使僧」を名乗って人びとに寄付を求め、「結界内に女性が参詣できる」と触れてまわる者が現われました。金剛峯寺は各地の末寺に対して、「女人禁制の地であるから、女性の立ち入りを認めるようなことは決してない。また、金剛峯寺からそのような（女性が参詣できると触れ回るような）

僧を派遣することもない」と通達しています。この時には、男装した女性が山内で伽藍を参詣していたところを役人が見つけ、女性が金剛峯寺に提出した詫び状が残っているとのことです。

七口での女性の差し止め

棟杭や制札によって女人禁制が示されたほか、女性が山内に立ち入りそうになった場合に備え、七口に見張りを立てて、差し止めが指示されることもありました。

「日並記」享保19年3月18日

一、女人口々制し候人足、先頃修理奉行へ申し付け候処、俄に不足これ有り候て難儀の由申し参り候間、往復致し、修理下百姓共五十五人差紙遣わし、廿日・廿一日両日口々女人制し候様に申し渡し、金堂明き小屋に入れ置き候て、人足の内一両人世事致す様に申し付け、飯米修理奉行へ申し付け候事

九百年遠忌の際には、高野山寺領の百姓を動員して、七口で女性が山内に立ち入るのを差し止めようとしました。１８３４（天保５）年の遠忌の際も、法要が行われる3月20・21日には不動口・大門口に建てた小屋に５、６人ずつ見張り番が詰めて、女性が立ち入らないように監視させています。

2　高野山の女人堂

女人結界と女人堂

江戸時代は、各地の街道や宿場が整備され、庶民が寺社参詣や物見遊山などの旅を楽しむことができるようになった時代でした。弘法大師を祀る奥之院の御廟や壇上伽藍などの堂舎に参詣するために、高野山にも各地から多くの参詣者が訪れるようになりました。武士の間にも弘法大師に対する信仰が広まっており、徳川家一門や諸大名が山上の各寺院の檀那となり、奥之院の墓所には大名家の供養塔が数多く残されています。

『紀伊国名所図会』には、「登山七路　七口ともに女人堂あり、堂より上にハ女人の入る事を禁ず」とあり、女性は七口に設置された女人堂から先に立ち入ることは許されていませんでした。現在、高野山には不動坂口の女人堂だけが残っていますが、ほかの霊場・聖地でも、立ち入りを許されなかった女性たちが参籠・遙拝するための堂（女人堂）が設けられていました。比叡山の花摘堂や越中立山の姥堂、吉野大峯山の母子堂などがよく知られています。

ところで、高野山の女人堂はいつごろ設置されたのでしょうか。高野山の案内記『高野山通念集』（1672〈寛文12〉年）の序文には、次のような一文があります。

高野山ハもとより女人結界乃地なり。されは女性ハ五障乃雲あつく、法性の月のさはりあれは、此山に影をさゝす、たま〳〵歩みをはこふといへとも遙なる峯をわたりて、余所なから拝見し、近く界内に足を入る事あたはさるに……

高野山は「女人結界乃地」であり、時おり女性が足を運ぶことはあっても、離れた山の上から伽藍や奥之院を眺めるだけで、結界内に立ち入ることはできないと述べられています。16世紀末ごろの高野山の様子を記した「宇野主水日記」には、「高野山ニ女人ノノボル所方々ニアリ、ソコヨリ寺中悉見ユルト云々」という記述があるので、遅くとも戦国時代の終わりごろには、女性が周囲の山々の峰から境内地を遙拝することが行われるようになっていたと考えられます。

１６８９（元禄２）年成立の「南遊紀行」（貝原益軒著）には、不動坂口の女人堂の様子が記されています。

不動坂、高野北の口也。郭外に女人のとゞまる堂あり。諸国より高野へ来る女人、境内に入事を許さず、郭外を廻りて此堂に入て休す。檀那の僧より酒食をもちおくりて饗レ之

男性の参詣者は山内の寺院（宿坊）に宿泊しましたが、女性の参詣者は男性が山内に滞在している間、境内の周辺を巡って女人堂で休憩し、宿坊が用意した酒飯でもてなしを受けました。１７４３（寛保３）年の「南歩の記行」（彰馴亭花鈴著）によると、女人堂の内部は板敷で四方に縁側が設けられており、山之堂と称されることもあったようです。なお、山之堂で女性参詣者の世話をした人びとも「山之堂（山奴・山人）」と呼ばれていました。山之堂は、七口に常駐して山番や胡乱者《うろんもの》の取り締まり、刑罰の執行など

に従事した僧体・俗体の人びとで、高野山寺領では「山上の非人番」と位置づけられていました。

道中日記に記された女人堂

駿河国庵原《いはら》村で酒造業を営んでいた山梨家の主婦・志賀子は、55歳の時に息子らとともに駿河から近畿、山陽、四国地方を旅行し、1792（寛政4）年2月に高野山の女人堂に宿泊した時の様子を次のように書き残しています（『春埜道久佐《はるのみちくさ》』）。

相ともなふ人々は坊にのぼり、わが身は女人堂に宿り侍る。又、肥後国よりまふでしとて、女人壱人、是も相やどりして、夜もすがらかたり明し侍りぬ

息子たち（「相ともなふ人々」）は宿坊に泊まりましたが、志賀子は1人で女人堂に宿泊しました。志賀子は肥後国から来た女性と相宿になり、2人は夜どおし語り合ったと書き残していますが、どのような話をしたのでしょうか。

翌日、志賀子は案内を頼んで嶽山弁財天を参拝し、山頂から壇上伽藍の大塔などを遥拝したあと大門に至る山道を通って花坂を下り、ふもとの天野、慈尊院に向かっています。

1854（嘉永7）年4月19日には、近江国の彦根在住の自芳尼という女性が高野山を訪れています。自芳尼は大門口の女人堂に祠堂金を納めて宿泊し、同行者の男性は山内の宿坊に滞在しています。自芳尼も志賀子と同じように案内を頼んで「外ノ山」から御廟や堂塔を遥拝しました（『西国順拝名所記』）。

男性が同行せず、女性だけで高野山に参詣することもありました。江戸時代中期から幕末の高野山の参詣者を分析した新城常三氏は、越後国の女性は男性を伴わず、女性だけで自主的に高野山に参詣した人が多かったことを指摘しています。また、越後国の女性は浄土真宗の本山である本願寺に参詣する人も多く、彼女たちが一定の経済力を持っていたために女性だけで参詣できたと想定されます。江戸時代、越後は織物が盛んな地域だったので、女性たちは機織りなどの内職によって参詣の費用を蓄えていたのかもしれません。

旅は安全？

庶民の旅が盛んになったとはいえ、江戸時代の旅にはさまざまな危険が伴いました。高野山寺領でも、旅人や参詣者が山道で追い剥ぎに襲われることがあり、それに加えて女性参詣者の場合は、山内の住人から悪口などの無礼なふるまいを受けることもあったようです。金剛峯寺も、山内の見まわりや警備の強化、女性参詣者への悪口の禁止など具体的な対策を講じており、女性参詣者への一定の配慮もなされていたといえるでしょう。

旅の途中で病気や事故が原因で亡くなる人も少なくありませんでした。１７４３（寛保３）年６月末、女人堂で発病した女性参詣者の病気が重くなったので、亡くなった場合の対処が問題となりました。

「日並記」寛保3年6月27日

一、清浄心院より、此間越後より女人客登山致し、女人堂にて発病仕り、一両日は殊の外相重く申し候、若し相果て候はば、先年葬り候墓所へ遣わし申したく候、先年御忌年に女人一人相果て、其の節御衆評へ御窺い申し上げ、女人堂の下の墓所へ葬り申し候、此度も其の通り仕るべきと存候、其の趣御聞き置き下さるべき由、使僧を以て相届けられ候事

「先年御忌年」とは、弘法大師の九百年遠忌の法要が執行された1734（享保19）年を指しています。この時にも女性参詣者が不慮の死を遂げており、金剛峯寺の許可を得て「女人堂の下の墓」に遺体が埋葬されました。これを先例として、女性参詣者が亡くなった場合には、特定の場所に埋葬することになったのでしょう。「日並記」によると、高野山では参詣者や旅人が行き倒れとなった場合は同地に埋葬されることになっており、埋葬は谷之者と呼ばれた被差別民が担っていました。死者が女性の場合も谷之者が埋葬したと推測されますが、詳しいことはわかっていません。

遠忌と女性参詣者

1734（享保19）年の弘法大師九百年遠忌の際には、法要が行われた3月20・21日に参詣者が殺到し、群衆に押された女性参詣者が女人堂を越えて、山上の中心部に近い千手院谷（現在の高野町役場付近）まで押し出されたことが記録に残っています。50年に1度の遠忌ということもあって、女性の参詣者も通常よりも多く訪れていたようです。

「日並記」享保19年3月14日

一、右惣代恵教房口上にて申し候は、御忌の節、非事吏方院々女人客有るべきの旨存じ候間、院々方寄之外山へ仮屋致したき由願い申し候間、先日御窺い申し置き候通、立木等切り取り申さず、往来作障に相成らず候様に致され候様にと申し付け帰し候事

聖方の惣代である恵教房は、遠忌に合わせて参詣する聖方寺院に縁のある女性参詣者のために「外山」に仮小屋を建てたいと申し出ました。「外山」は女人結界の外側の区域を指すと考えられます。仮小屋の設置は、立木などを伐採せず、通行の妨げにならないようにするという条件付きで認められたのですが、遠忌の期間に限定されたとはいえ、寺院が女性参詣者のために仮小屋を設けたことは、高野山における女人禁制の実態を考える上で貴重な記録といえます。

女人堂の機能

参詣以外の目的で、女性が女人堂に滞在することもありました。1753（宝暦3）年3月10日、那賀郡尼寺村の智貞尼（知貞尼とも）は、妹婿の那賀郡井ノ口村の彦四郎に預けた銀子の返却を訴える願書を携え、慈尊院村から山上へと向かいました。智貞尼は14日に下山するまで女人堂に滞在しています。山内には宿坊とは別に公事宿（訴訟・裁判の当事者のための宿）がありましたが、女性の立ち入りが認められていなかったために、智貞尼は女人堂で待機したのでしょう（中橋家文書「日次記」）。彦四郎に預けていた銀子は、「四国八拾八ケ所本尊」を建立するために人びとから集めたもので、智貞尼は1766（明和3）年に慈尊院の大師堂（四国堂）を完成させています。

一般的に女人堂については、結界内に立ち入ることのできない女性が参籠するための施設であるという性格が注目され、女人禁制の象徴のように位置づけられてきました。しかし、高野山の女人堂の場合、参籠・宿泊施設として利用されただけではなく、寺領内で発生した事件・犯罪についての取り調べ場所として利用されることもありました。犯人が男性の場合も女人堂が取り調べ場所として使用されたことが確認できるので、女性が犯人の場合だけに限定されていたわけではなかったようですが、ここでは「日並記」の記事から、寺領内で罪を犯した女性の取り調べに女人堂が利用された事例を紹介します。

1830（文政13）年2月中旬、伊都郡上古沢村のきくという女性がシュロ皮を盗んだ容疑で南谷の女人堂で取り調べを受けています。取り調べの結果、きくはシュロ皮を盗んだことを白状し、3月4日に惣寺領内追放に処されました。

同年4月、那賀郡杉原村の勇三郎という男性が変死する事件が発生し、元妻のつねという女性（事件時は同村文次郎の妻）が南谷の女人堂で取り調べを受けています。つねは勇三郎を殺害したことを白状したため、通常であれば厳罰に処されるはずでしたが、杉原村の薬師寺の嘆願により、つねは堂寺の弟子となって落髪し、勇三郎の菩提を弔うことを条件に助命されることになり、学侶方の役人である三沙汰人（年預代・惣預・行事代）が立ち合いのもと、南谷の女人堂でつねは薬師寺に引き渡されました。

3　結界を越えた女性たち

前代未聞の事件

高野山では50年ごとの遠忌以外にも、さまざまな法要が執行されていました。そのひとつに修造上葺供養があります。修造上葺供養とは、奥之院の御廟を修造したり、屋根を葺き替えたりする際に執行された法要のことで、1625（寛永2）年6月以降は、20年に1度（数えで21年目）上葺供養が行われるようになりました。「日並記」から、この法要が行われた際にも多数の女性が奥之院の御廟付近にまで立ち入った事例を確認することができます。

「日並記」享保10年6月21日

一、今日御出仕の時、女人大勢入り込み、御廟の橋の内、道の両脇強半は女人にて候、前代未聞の儀、是れ役人の無調法たる由仰せられ候えども、兼て加様と存じ候はば、警固稠《きび》しく申し付け候えども、前代未聞の儀に候えば、俄に払い去らしめ候えども、多勢に候えば、致すべき様もこれ無し、打擲も致し難く候段、申し上げ候

1725（享保10）年6月21日、上葺供養の法要に出仕した金剛峯寺の僧侶たちは、御廟前の橋の内側に女性が立ち入り、「道の両脇強半は女人」という「前代未聞」の状況を目撃しました。すぐに女性

を追い払おうとしたものの、あまりの人数になすすべもなく、僧侶たちは困り果てたようです。

このような事態は、女性参詣者がたまたま道に迷って結界内に入り込んでしまったのではなく、上葺供養を見るために意図的に結界を越えた結果生じたものでしょう。道心者（堂塔の香華・燈明の管理、鐘撞、寺院の掃除などに従事していた僧体の人びと）や山内の寺院に仕える下男がしばしば女性参詣者を手引きして奥之院や御廟まで案内することもあったようで、「日並記」の記事からは、結界を越えようとする女性と、それを阻止しようとする金剛峯寺との攻防を垣間見ることができます。

１７４５（延享２）年６月の上葺供養の際には、女性が御廟周辺に立ち入らないよう事前に対策が採られました。

「日並記」延享2年6月19日

一、大日堂召し寄せ、当廿一日上棟の日、一心院女人堂、大門口へは其口の堂守に山之堂相添え、胡乱者又は女人等参らず候様に急度番仕り候旨申し渡し、其の外の堂守ならびに山之堂は、寺家を徘徊致し、盗賊、火の用心等油断無き様に相勤め申すべき旨申し渡し候事

法要に先立って、一心院（不動口）女人堂と大門口の堂守が、胡乱者や女性が山内に立ち入らないように注意して見張りを勤めるように指示されました。不動口と大門口は七口のうちでも特に通行者が多かったので、厳重な取り締まりが求められたのでしょう。

高野山への参詣道にある慈尊院村には、参詣者に対して「女人高野参リ、堅無用ニ可仕由」を周知

するよう命じています。万全を期したと思われましたが、法要の前日になって問題が発生しました。

「日並記」延享2年6月20日

一、紙《神》谷より修理下役人壱人、此方役人壱人参り候て、今日女人大勢登山仕り、制道成し難き由申し来り候につき、急度申し付け、厳重に政道仕るべき旨申し付け候、右の趣清浄心院・北室院・西室院へ申し上げ候処、堂守へ申し付け、山々口々堅めさせ申すべき旨仰せ付けられ、大日堂へ右の段申し付け候事

高野街道沿いの神谷という場所に派遣されていた修理・学侶両方の役人が、大勢の女性が山上をめざして登山しており、制止するのが困難だと報告してきたのです。金剛峯寺は、より厳重に胡乱者・女性を取り締まるよう堂守に命じました。その効果があったのか、法要当日には女性は一人もやって来なかったということです。

是非共大師様へ参詣いたし度

なぜ、女性たちは結界を越えようとしたのでしょうか。「日並記」には、結界を越えて奥之院までたどりついた女性について、次のような記録が残されています。

「日並記」文政13年7月13日

一、阿弥陀堂良海より今日四つ時頃、女壱人奥院へ参詣の由にて、寺家へ入り込み天神坂迄参り候につき、早速山男へ申し付け、追い懸けさせ候処、追い付き摩尼道へ連れ出し候えども、是非共大師様へ参詣いたし度旨申すに付き、奥院骨堂の裏より遙拝致させ本道へ連れ出させ候旨届け出候、尤も右女人、不動堂并に町家の者共見付け、寺家へは女人禁制の由申し聞かせ候らえども、理不尽に入り込み候趣に候事

1830（文政13）年7月、1人の女性が奥之院に参詣の参道の途中にある天神坂（一の坂）まで立ち入りました。寺院に仕える山男が追いかけて結界の外に連れ出そうとしましたが、その女性が「是非共大師様へ参詣いたし度（どうしてもお大師様にお参りしたい）」と嘆願したため、山男は奥之院の骨堂裏手から御廟を遙拝させ、ようやく結界外に連れ出すことができました。「日並記」には、金剛峯寺の役人や町家の人びとも女性の姿を目撃しており、女人禁制の地であることを言い聞かせたにもかかわらず、なおも女性が「理不尽」に入り込んだと記録されています。どれほど奥之院への参詣を切望しても、女性であるという理由で立ち入ることすら許されていなかったというのが女人禁制の実態だったのです。

おわりに

1872（明治5）年3月に公布された太政官布告によって、全国の神社仏閣の女人結界が廃止されましたが、大峯山の山上ヶ岳のように、現在もなお女人結界を維持している霊場が存在しています。また、伝統や慣習を理由に女人禁制が維持されている行事や職業も残っており、女性差別であるとして議論の対象になっています。

日本各地の霊場には、女人結界を越えようとして成功しなかった女性の物語が伝わっていますが、「日並記」の記事から、江戸時代の高野山では、しばしば女性が結界を越えようとしたり、実際に越えたりしたことがあったことがわかってきました。なぜ女性たちはそのような行動をとったのでしょうか。単純に、女人禁制の規律が弛緩していたからなのでしょうか。

宗教や信仰にかかわる場において女性の立ち入りや行事への参加を拒否・排除する女人禁制の慣行は、古代から現代まで確認されている現象です。血の穢れから女性を不浄な存在とみなす思想（女性不浄観）や、女性は男性にくらべて劣っているとみなす思想（女性劣機観）から、女性が特定の空間や仕事から排除されるようになったと考えられています。また、女性の罪障や劣性を強調する「五障三従」のような思想は、時代が下るとより厳しくなる傾向があります。現代における女人禁制の問題を理解するためには、女人禁制の実態がどのように変化してきたのか、また女性の社会的地位とどのように関係してきたのか、歴史的に明らかにする必要があります。「日並記」の女人禁制に関する記事は、それらの問題を解明するための重要な手掛かりとなるでしょう。

参考文献

荒木繁・山本吉左右編注『説経節』平凡社、１９７３年
神亀壽「御遠忌の話」『高野山時報』第６６７号、１９３３年８月
新城常三『新稿　社寺参詣の社会経済史的研究』塙書房、１９８２年
鈴木正崇『女人禁制』吉川弘文館、２００４年
日野西眞定「高野山の女人禁制に関する史料とその解説（一）」『密教文化』第１１５号、１９７６年９月
日野西眞定「高野山の女人禁制（上）・（下）」『説話文学研究』第27〜28号、１９９２年６月・１９９３年６月
日野西眞定「高野山の女人結界などのタブー（三）」『霊宝館だより』第97号、２０１１年２月
日野西眞定編集・解説『野山名霊集』名著出版、１９７９年
水原尭栄『女性と高野山』小堀南岳堂、１９１４年
源淳子『女人禁制Ｑ＆Ａ』解放出版社、２００５年
矢野治世美『和歌山の差別と民衆　女性・部落史・ハンセン病問題』阿吽社、２０１７年
九度山町誌編纂委員会編『九度山町史　史料編別冊（一）』九度山町、２０００年
和歌山県教育委員会編『高野山結界道、不動坂、黒河道、三谷坂及び関連文化財学術調査報告書』和歌山県教育委員会、２０１２年
和歌山の部落史編纂会編集『和歌山の部落史　史料編近現代１』明石書店、２０１４年
和歌山の部落史編纂会編集『和歌山の部落史　通史編』明石書店、２０１５年

高野山の女人禁制について

高野山大学総合学術機構課長　木下浩良

はじめに

高野山は古来より女人禁制の霊山であった。このことは、平安時代後期成立の説話集である『今昔物語集』の「弘法大師始めて高野山を建たる語」の文中に、「女永く登らず」と記していることからも明らかである。

それでは、高野山における女人禁制はいつから始まるのであろうか、という疑問が生じる。結論を先に言うと、「宗祖弘法大師空海（以下、空海と略）が高野山を開創する以前より、高野山は女人禁制の霊山であった」と断じざるを得ない。

この高野山の女人禁制については、既に筆者の師匠である日野西眞定先生（平成28年10月示寂）が先鞭をつけられている。晩年、日野西先生は『高野山女人禁制の研究』の執筆に最期の時まで執念を燃やされていたが、叶うことはなかった。

筆者は、その師匠から高野山の女人禁制について度々ご教示を受け、また日野西先生ご自身が同研究に真摯に向き合われているお姿を側で見させてもいただいた。この時、日野西先生は後述する金剛峯寺の江戸時代以降の日記である『日並記』の史料群と格闘されていた。

また、その日野西先生の師匠は「仏教民俗学」の提唱者である五来重先生[*1]である。日野西先生の学問体系の底流を流れるのは、その五来先生の仏教民俗学であることも忘れてはならない。

まずはこのことを明記して本論に進みたい。本稿の研究成果のほとんどは日野西先生の御研究によるものであるが、筆者独自の考えや新規の史・資料も随所に取り混ぜている。師匠の学問体系を受け継いでいる者として、本稿を公にすることは望外の喜びである。

1　空海による高野山の結界

高野山は南北２km・東西４kmの山頂の盆地に開かれた霊山である。この山頂に入るには七つの登山口があって、そこから入山することになる。高野山は女人禁制なので、この七つの登山口には女人堂が設けられていて、女人の高野山入山を閉ざしていた。

女性の参詣人は七つの口にあった女人堂を巡って高野山をのぞき見たのであった。『紀伊国名所図会』には、この女人堂を巡ることを「女人堂巡り」と記し、その女人堂を巡る道を「女人堂道《にょにんどうみち》」と道の名を明らかにしている。現在では、この高野山の外周の尾根道を「女人道」と称している。

『紀伊国名所図会』では京大坂道の不動坂口の女人堂の様子を描いている（図版1参照）。この不動坂口は、江戸時代ではここからの参詣人が最も多く、江戸時代に描かれた高野山の古絵図全体に共通して、

図版１　不動坂口の女人堂

この不動坂口の女人堂が最も大きく表現されている。

なお、近年この不動坂口の女人堂近くから見出された江戸時代初め頃の地蔵座像石仏から「自是女人くまの道」の銘文が検出された[*2]（図版2参照）。江戸時代初めには、「女人熊野道」と称されていたことが分かった。熊野から高野山へのルートの存在が指摘される。この地蔵石仏にはこの他に、「為三宝謝徳乃至法界平等利益」「施主、堺住人」「奉供養高野山三十三度参詣」の銘文がある。

空海は高野山を開創する際にまず成したことは、高野山の結界であった。結界とは、寺院を建立する時など一定の境域を限って魔障の侵入を防ぐことをいう。空海の詩文を収集した『性霊集』巻九に納められている「高野建立初結界啓白文」「高野山建立壇場啓白文」の2点の史料により、空海は高野山全体と壇上伽藍の結界を成したことが分かっている。

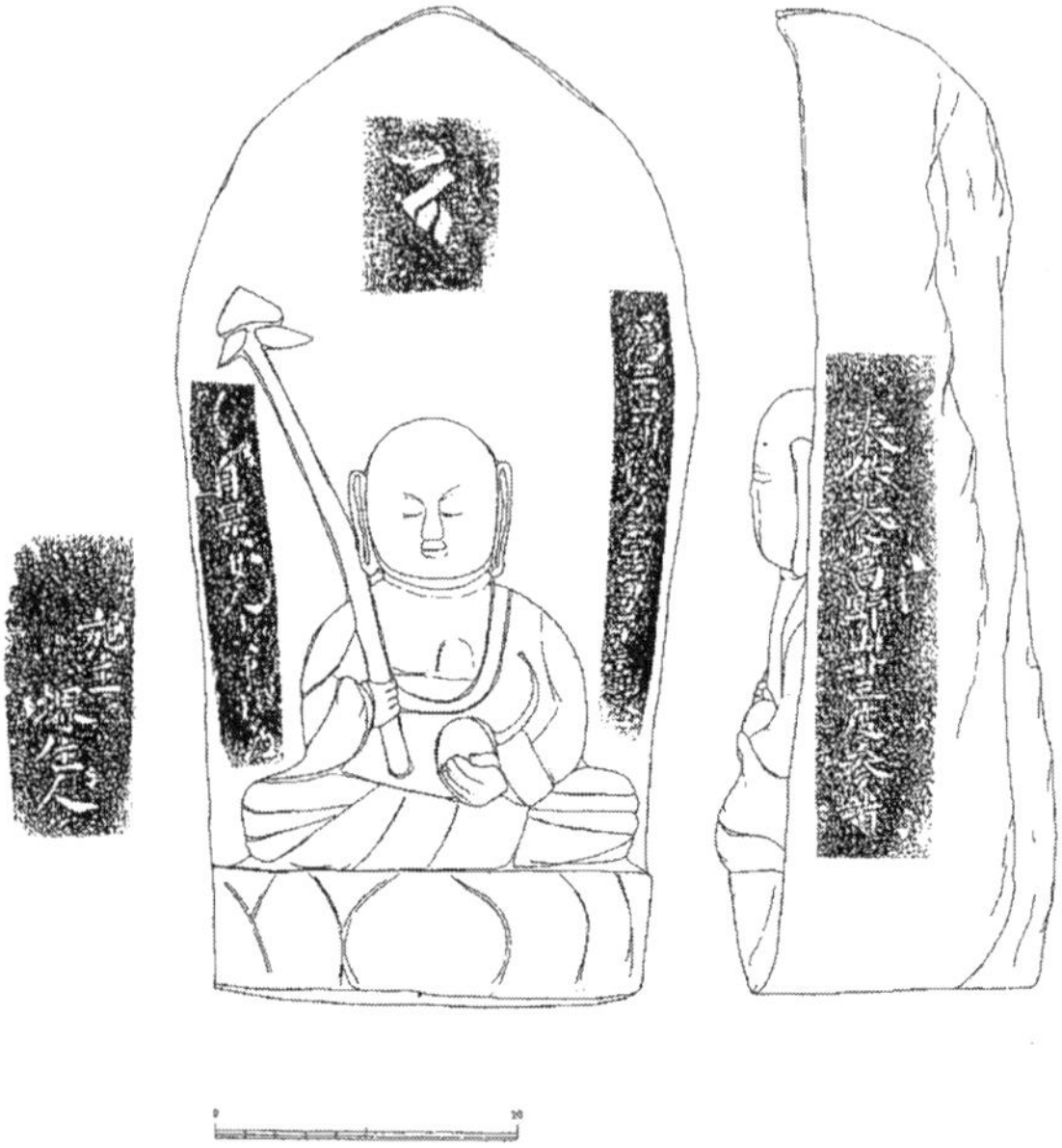

図版２　「女人くまの道」の銘がある地蔵石仏実測図

これにより、壇上伽藍はとくに2度の結界を成したことが指摘される。問題は、「高野建立初結界啓白文」の文中にある「東西南北四維七里之中一切悪鬼神等皆出去我結界」の七里の範囲である。一里を約４㎞とすると、広大な範囲を空海は結界したことになる。この点については、密教経典の『陀羅尼集経』の中に「七里結界」の文字が見えることから、空海はその経典にある修法で結界を執り行った、とする見解も示されている。

ただ、空海の時代の平安時代初期における一里とは、今の距離に直すと約650ｍとなる。七里ということは、650ｍ×7＝4550ｍである。この距離は、上記にて触れたように高野山上の東西の距離にほぼ同一である。空海は、実際に現在の女人道から内側を高野山金剛峯寺として結界をした可能性を指摘したい。

2　高野山は異界の山中他界

次に、前項で筆者が「空海が高野山を開創する以前より、高野山は女人禁制の霊山であったと断じざるを得ない」とすでに結論を述べた点について検証したい。

このことは、高野山だけを見るだけでは分からない。それは、高野山に限らず、日本全国の霊山が高野山と同様に女人禁制であったことから分かることである。

たとえば、滋賀県の比叡山、静岡県の富士山、栃木県の日光の男体山、長崎県の雲仙等も女人禁制であった。日光には高野山と同様に女人堂があり、雲仙にも女人堂跡が史跡として残っている。

女人禁制は、仏教伝来以前の日本人の信仰を今に伝えている。全国の霊山には山神様が住まれている。その山神様は女性の神様であり、その山神様にはお仕えする男性の神様がいた。その霊山を仏教化して開創する人物として、僧侶がかかわることになる。五来重先生はこのことを、「三神三容《さんじんさんよう》」説として挙げられた。

これは、霊山では女体神《にょたい》・俗体神《ぞくたい》・法体神《ほうたい》という三容の三神が信仰の対象となる、という説である。女体神はその山の山神で、その山神を祀る司祭者が俗体神、法体神はその山を開山した開祖である。高野山の場合は、女体神が丹生明神、俗体神が狩場明神〈高野明神〉、法体神が空海となる。山神のお使いが、高野山の場合が大小の黒犬で、比叡山は猿、大山では狼ということになる。ちなみに、福岡県の霊山の英彦山では北岳・中岳・南岳を、それぞれ法体神・俗体神・女体神に当てている。

図版３　朝熊山金剛證寺奥之院の五輪卒塔婆群

山神様がいらっしゃる霊山は、この世ではなく異界のあの世の聖地であった。そのことを今に伝えているのが、高野山周辺の村々に残る習俗の「骨《こつ》のぼせ〈骨のぼり〉」である。これは、葬式があった翌日に死者の遺髪を「骨《こつ》」と称して親族が高野山奥之院へ納めるものである。これが、かつての仏教以前の高野山の霊山としての姿を今に伝えている。

この高野山の「骨のぼり」と同様の習俗として挙げられるのが、三重県の朝熊山《あさまやま》金剛證寺の「タケ参り」である。これは、葬儀の当日に朝熊山の山頂にある金剛證寺へ参拝して、木製の五輪卒塔婆《ごりんそとうば》を同寺の奥之院へ造立するものである（図版３参照）。

また、和歌山県東牟婁郡那智勝浦町の妙法山阿弥陀寺で行われている「お髪あげ」の習俗も挙げられる。これは人が亡くなると、縁者が故人の遺髪を同寺へ納めるものである。いずれも紀伊半島にのこる習俗であり、同じ文化圏であったことが指摘されるとともに紀伊半島が我が国を代表する古来からの信仰を今に伝える地域として、きわめて重要視されるのである。

なお、「タケ参り」は沖縄県久高島でも見られる。ここでは、最高海抜高度17mの御嶽が「タケ参り」の霊山に見立てられている。久高島のタケ参りは、地元では「タキマーイ」と称されている。*3 この「タケ参り」については、高野山において最も海抜が高い山の「弁天岳」〈通称：嶽弁《だけべん》〉の存在が挙げられる。高野山の霊山としての信仰の発祥が、この「弁天岳」である可能性も指摘したい。

霊山とは、死者が行くあの世の異界の地で、それら死者の霊は祖霊となり子孫を守ると信じられていた。これを「山中他界《さんちゅうたかい》」という。

つまり、高野山をはじめ、全国の異界の霊山はみごとに仏教化して、今日にその姿を変貌させたのであった。霊山は山麓の人々の祖霊がまします場所で、女性の神様が司る御山《おやま》であった。では、なぜ、霊山は女性の入山を禁止した女人禁制なのであろうか。それは女性である山神様が、入山する女性に嫉妬されるからと言われている。山神様は醜女《しこめ》だからともされている。伊勢参りにしても、夫婦が共に参拝する際は伊勢までの道中は一緒であっても、伊勢神宮内での参拝の時は夫婦別々にお参りするのが習わしであった。

山神様が醜女か否かは別として、この問題の参考になるのが、沖縄の事例である。本土より古い信仰を今に伝える沖縄では、女性が男性より霊的に優位とされている。沖縄県久高島では12年に1度行われる、イザイホーと呼ばれる神事があった。これは、30歳以上の既婚女性が神女となるための就任儀礼で、そこでは男子禁制であった。なお、この行事は、神女のなり手不足の問題から、昭和53（1978）年を最後に途絶えている。

本土における霊山も、元は沖縄と同様に女性が神女となり、祭事を行っていたのではなかろうか。その姿は、中国の史書『魏志倭人伝』に出てくる女王卑弥呼や神話の天照大神を彷彿させる。まず、その神女が神格化されて女人禁制となったとの展開が推理される。沖縄では現代に至るまで祭祀権は女性にあるが、本土の場合は早くも奈良時代には女性から男性へと移っているのである。

なお、高野山の山麓の橋本市や伊都郡では、妻のことを「山の神」と俗称しているが、これなども貴重な習俗である。

また、高野山登山の中腹の花坂付近において、空海以前の原始的な結界を示す磐座《いわくら》が存在する。それが、花坂の町石道にある押上石《おしあげいし》、袈裟掛石《けさかけいし》、捻石《ねじいし》である。これらは、空海の母の伝承を伝えるものである。

空海が高野山を開創した後に、高野山へ登山しようとする実母を、空海が花坂で制止したとされた時の遺物とされている。空海は母とはいっても女性であり、高野山は女性が登る山ではないと、花坂でそれ以上の登山はできないと止めた。しかし、空海の母は息子の忠告を聞かずに登ろうとする。空海は身に着けていた袈裟を地面に敷いて、これを越えられたら高野山登山を認めるという。母は喜んで袈裟を踏み越えようとする。すると空海の母は、老人になり久しく止まっていた月経がいきなりきて袈裟を汚してしまう。袈裟は大爆発をして大石が落ちてくる。空海は手でその大石を押し上げて母を助ける。結局、空海の母は高野山登山をあきらめて、悔しいとひねった石が捻石だとされている。捻石は近年崩れてないが、押上石・袈裟掛石は今も残っている(図版4参照)。

この伝承は、実際に起きた出来事ではなく、後の世に作られた話であるが、重要なことは高野山の中腹の花坂付近からは聖域で、女性の入山ができなかった時代があったことを、この伝承が伝えているということである。

高野山の中腹の花坂には、この他にも女性にかかわる伝承が鎌倉時代後期の正和2（1313）年の後宇多上皇の高野山登山の記録の『後宇多院御幸記《ごうだいんごこうき》』に、昔のこととして記されている。それが、花坂の鳴川《なるかわ》を越えて高野山登山をしようとした「都藍比丘尼《とらびくに》」という女性の宗教者が女性だからとの理由で鳴川を越えられなかったというものである。この史料も、かつての花坂が聖と俗との分岐点であったことを伝えている。

花坂についてはさらに、次のような注目すべき民俗事例が挙げられる。

高野山及びその周辺は20年程前までは両墓制であった。明治初めまで、高野山山麓の九度山町古澤《こさわ》地区の人たちは死者が出ると、死者を埋葬する埋め墓が花坂にあって、そこまで登山をして死者を運び込んだというのである。これも、高野山が山中他界の霊山であった時代の名残を伝えているものである。

昔話の「姥捨て山」の話は、実は死者を背負って霊山へ放る〈葬る〉ことからできたことが指摘されるが、まさに同様のことが高野山登山の中腹の花坂においても行われていたのであった。

図版4　江戸時代の『紀伊国名所図会』に描かれた押上石

死者は高野山の中腹の花坂で葬られ、その死者の霊はその後時を経て子孫を守る祖霊となり、昇華して高野山上へ行くのであった。空海はそのような霊山の高野山を自身の理想の「私の寺院」として開創したのである。空海がいかに庶民に寄り添った、庶民から支持された高僧であったかを今に伝えているものと考える。

高野山の僧侶は後述するように、丹生明神を崇めている。これも後述する勉強会の堅精《りっせ》をはじめとする、高野山上で執り行われている学道《がくどう》は山神様である丹生明神をお慰めする行為の一面があることも再考すべきと考える。いわば、山神様に対する神事の面である。僧侶が被る顔を隠す帽子《ぼうし》も、山神様を祀る民俗の衣装がその起源と考えるのである。現在でも、マタギが山神様を祀る時に顔を見せないように布を被る行為との共通性がみられる。

3　空海による結界の範囲の縮小

これまで述べたように、空海以前の結界は高野山の中腹の花坂であったものが、空海の時代になって高野山を囲む女人道まで縮小したことになる。誰が、このように結界を縮小させたかといえば、それは空海以外に考えられない。[*4]

まず、前出史料の正和2（1313）年の『後宇多院御幸記』の記述であるが、上皇の高野山登山ということで、遠近の老若が雲霞のごとく高野山へ押し寄せた。この時に、にわかに雷電して降雨となった。気象の変化に疑問に思った高野山側の僧侶が調べてみると、近里の数多の女性が男性に変装して

図版５　江戸時代の『紀伊国名所図会』に描かれた大門前の女人堂

結界内の高野山へ入山していることが分かったのである。高野山側は堂衆数十名が手杖で、それら女性たちを大門より外に追い出したところ、雲は消えて日が差したと記録している。これにより、明らかに大門が聖と俗の結界の分岐点であったことを伝えている。

江戸時代の高野山の古絵図を見ると、女性は大門の内側までは入山しているが、鎌倉時代までは大門の中へは女性は入れなかったことが指摘される。江戸時代までは、大門の外側にも女人堂があった（図版５参照）。

また、高野山金剛三昧院文書の中の「金剛三昧院旧記」は室町時代の16世紀初頭に同院の古文書を集積したものであるが、その中に次のような文書が見出される。

金剛三昧院内山[*5]
限四至

東者　稲荷の瓦ヲ限、此尾ヲ西ニ向テヲレレハヲリ付ニ稲荷大明神ノ社壇在之、安養院山之水流ヲ
　限テ知行之
南者　熊野カイ道横道之上、轆轤タウケノ水流レヲ限、此頂キニ細キ道在
西者　道ヲ限ル、又此道ヲ花ヲリトモ号スルナリ、丸山之水流レヲ限ル
北者　金剛三昧院
　貞応二年　　　案文

本文書は金剛三昧院の東西南北の四至を示したもので、鎌倉時代初めの貞応2（1223）年の案文の写しである。この史料の中で、「轆轤タウケ」とあることが注目される。「轆轤《ろくろ》峠《とうげ》」の名称が既にこの頃にあったのである（図版6参照）。

轆轤峠の名称の由来は、女人道にあるこの峠から、高野山入山が出来ない女性が首を長くして高野山を覗き込んだことから付けられた峠名とされている。女性の首の長いお化けが「ろくろ首」と称したことにちなんでいる。文書に記された年号を信じるなら13世紀初頭に、既に轆轤峠があったことになる。合わせて、熊野街道のルートも既にあったことを明記している。このことは重要で、鎌倉時代には女人道は存在していたのであって、このことは上記の大門が結界の境であったこととも合わせて、女人道は空海の時代にさかのぼる可能性が出てきた。

もちろん、本文書を偽文書とする見方もできる。しかし、少なくとも16世紀初頭には同文書は成立していたことが指摘されることから、中世後期の史料として、あるいは中世前期までその内容をさか

図版６　江戸時代の『紀伊国名所図会』に描かれた轆轤峠

のぼる史料としての重要な位置を占めている。

また、本文書中にある、「此道ヲ花ヲリトモ号スルナリ」の記述も注目される。金剛三昧院の轆轤峠付近に、「花折」の地名があったことを明記している。花折については、不動坂口の女人堂の下に、「花折坂」の地名が今に残っている。ここからは、参詣人が花を手向けるための２基の江戸時代初期の遺物と思われる、砂岩製の華瓶が近年見出された[*6]（図版７参照）。

花折坂の名称については那智山から、前出の妙法寺に至る道にも同様に花折坂がある。『西国名所絵巻』には、「詣人花を折て仏に供する故に此名がある」とある。全国的に「花折」の地名は分布する。この花折の習俗としては、沖縄県名護市の恥覆坂に起源があるとの指摘がある。要するに、山神様に対する木の枝を折って手向ける習俗である。高野山の花折も、空海以前の山神様に対する信仰を今に伝えているものと考

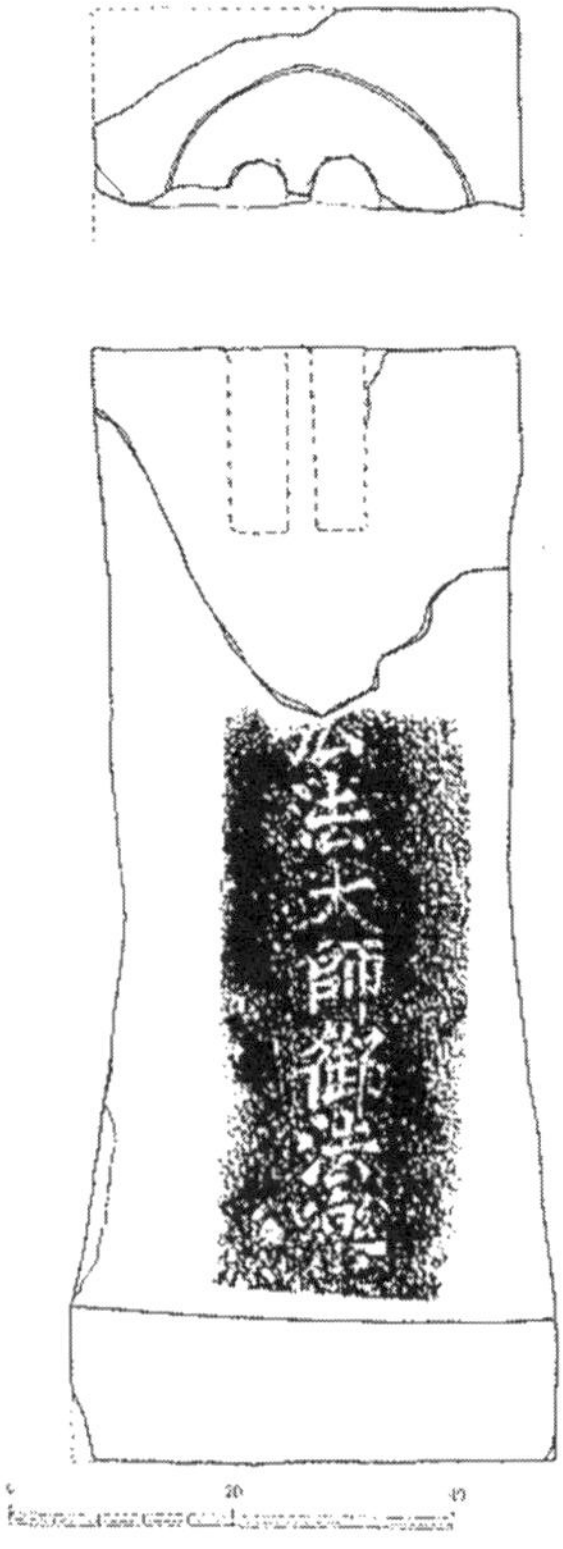

図版7　花折坂の石造華瓶の実測図

える。

なお、蛇足ながら本文書に「稲荷の瓦」とあることにも注目される。高野山の寺院は瓦葺ではなかったとされるが、金剛三昧院では瓦の使用が認められるのである。空海の時代にさかのぼる古瓦は断片が1点のみ発掘調査で出土している。[*7] 金剛三昧院の史料が記す瓦は鎌倉時代のものと推定するが、詳細については別に稿を改めて紹介したい。

この霊山における結界の縮小の問題は、他の霊山でもあったことが分かっている。五来重先生は、長野県の戸隠山の事例を挙げられている。山麓の下社までが平安時代末期、中社近くの女人堂跡までが南北朝時代、奥社までが明治初めの結界であったとされている。

4　丹生明神と高野山の僧侶

高野山の中心の壇上伽藍の西奥の一段高いところに、御社として祀られているのが、丹生明神と高野明神である。ここに、初めて丹生明神を勧請したのは空海だとされているが、筆者は空海以前より壇上伽藍のこの地に丹生明神が祀られていたものと推測する。近年、高野山内から有史以前のサヌカイトの石器が見いだされたことも、そのことを援用するものである。

　現在もなお、この壇上伽藍の御社の神前で、高野山の僧侶は山神様の丹生明神をお慰めするために読経をする。御社前だけなく、高野山では読経後に「南無大師遍照金剛」の大師宝号とともに、「南無大明神」を7回唱えるのを常としている。高野山においては、「神仏分離」は基本的には未だなされてなく、空海以来の伝統を今に伝えている。

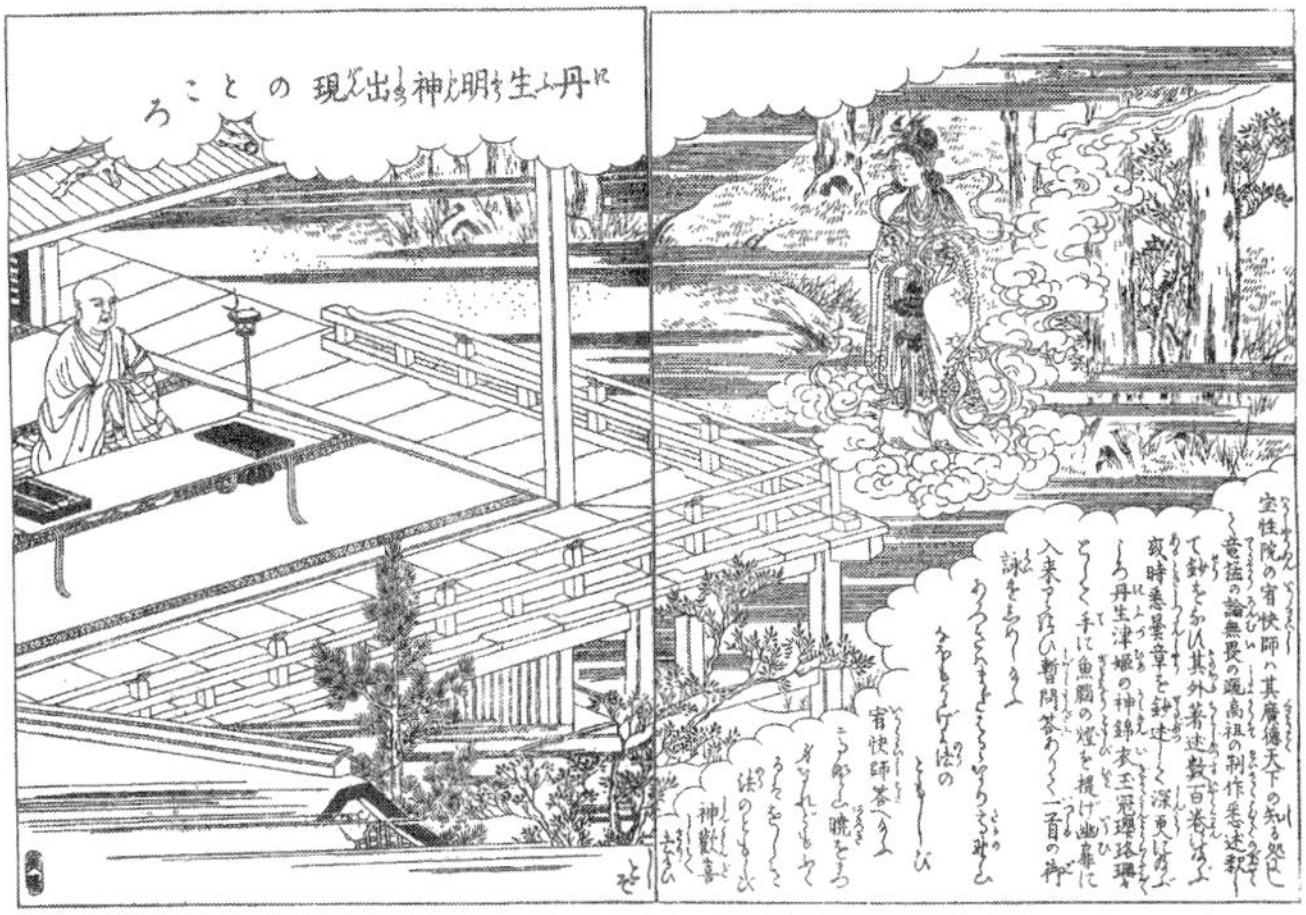

図版８　江戸時代の『紀伊国名所図会』に描かれた宥快が執筆中に燈籠を持って現れた丹生明神

　丹生明神と高野山の僧侶の関係について特筆すべき事件として、室町時代の初めの応永13（１４０６）年の出来事が挙げられる。この時、丹生明神は高野山の僧侶の不勉強さを怒り、「高野山を後にして高天原へ帰る」との御託宣を出したのであった。これには高野山の僧侶たちは驚き、壇上伽藍の御社前の山王堂〈拝殿〉における真言宗の教理を学ぶ勉強会を始めたのであった。これを「竪精」という。以来、竪精は高野山における重要な年中行事の一つとなっている。

　現在、この勉強会〈竪精〉を終了しないと高野山内の塔頭寺院住職は中堅クラス僧侶である上綱《じょうごう》にはなれない。上綱にならないと、高野山一山を統括する法印

図版９　壇上伽藍の御社の前で読経する高野山の僧侶たち

職にもなれない仕組みとなっている。

同じく、室町時代の初め、高野山の学僧の宥快が自身の著作を執筆中に丹生明神が釣燈籠を手に持って現れて、「なんじ、わが山の法灯をかかげんとする。ゆえにわれ随喜す」と言葉を発せられて、「あかつきは、まだはるかなり、高野山、なほかかげてよ、法のともしび」と歌を詠まれたとされている（図版８参照）。

また、逆に不勉強で禁忌〈タブー〉を破っている僧侶に対しては厳罰を与えると、丹生明神がお怒りになった様が伝えられている。高野山では囲碁・将棋が禁忌であった。江戸時代のことであるが、将棋が好きな高野山の塔頭寺院の住職がいた。自ら将棋盤と将棋の駒を作り一人夢中で遊んでいたところ、夢枕に丹生明神が現れて、将棋を止めないと呪い殺すと言い放たれた。その住職は一目散に高野山を下山したとされている。

明治政府により、神仏習合の禁止と両者の分離を図る宗教政策の「神仏分離」が断行されたが、高野山においては現在もなお、神仏習合のままである。（図版９）に挙げているように、高野山の僧侶は高野山の中心の壇上伽藍に祀られている丹生明神と高野明神の社のある御社の前で読経をする。高野山の僧侶は丹生明神と高野明神に関することは、現在でも「神様ごと」と言って大事にしている。壇上伽藍は丹生明神の御社の神宮寺としての性格が見られるのである。

高野山といったら、空海の開創になる真言宗の仏教の宗教都市ということをまず連想されるが、今から15年前の平成16（２００４）年高野山が世界遺産になった時は、仏教以前の信仰と仏教が融合しているという点で非常に注目された。これが、高野山が世界遺産登録になった時の一番の大きなキーワードであった。

5　高野山の禁忌〈タブー〉と恐れ

女人禁制の問題を考える際には、それだけではなく、高野山全体の禁忌〈タブー〉を視野に入れなければならない。なぜなら、女人禁制は高野山における禁忌の一つであり、そうしないと、禁忌全体の問題点としてとらえることができないからである。高野山の禁忌を列挙すると次の11項目となる。

①女人禁制
②魚・獣肉の担負往来と販売、食の禁止
③動物の飼育の禁止
④歌舞音曲及び囲碁将棋等の遊興の禁止

⑤旅館・料理屋・飲食店の営業の禁止
⑥飲酒の禁止
⑦賭博の禁止
⑧車駕等の乗入れの禁止
⑨春画等の猥雑な物の売買の禁止
⑩植樹に関する禁止
⑪熊手・竹箒の使用禁止

これら、女人禁制をはじめとする高野山の禁忌の底流に流れているものが、聖なるものに対する人々の「恐れ」である。その聖なるものとは何か。高野山が女性の山神様である、丹生明神の聖なる霊山の御山ということである。

このことを今日よく伝えているのが、平安時代中頃の10世紀の康保5（968）年に成立の文献の『金剛峯寺建立修行縁起』である。この中で高野山のことを「霊瑞〈不思議なめでたいしるし〉至って多し、昼は常に奇雲〈普通とは違った珍しい雲〉聳え、夜は常に霊光〈不思議な光〉を現す」と記している。まさに、高野山は異界の世界であった。

次に挙げられるのが、平安時代後期の11世紀の白河上皇の寛治2（1088）年高野山登山の記録『寛治二年白河上皇高野御幸記』である。この史料の中に、極めて注目される記述がある。それが、高野山登山を前に白河上皇より、次の様な禁止令が上皇の一行に出た。

高声の者、上下これを禁ずと仰せ。土人言う。この山において群れ動く高声あれば、忽然と雷電風雨。よって、これを禁ずなり。

つまり、高野山登山に際しては大声を出してはならない。なぜなら、地元の住人が、この御山までの道中で大声を上げると、たちまち雷や稲妻の暴風雨になると言うから、禁止したと言っているのである。

本件ではさらに続きが記されている。白河上皇一行の中で、その言いつけに背いて大声を張り上げた者が出た。そうすると、いきなり激しい雨となり、寒い風が吹き荒れた。これには一行は驚いて、大声を上げたための、山の懲らしめであると明記している。

注目されるのは、大声を上げて天候が急変したのが、空海からの罰ではなく、御山の懲らしめによるものとする点である。そこには、高野山周辺に住んでいた古代人の御山〈高野山〉に対する深い〝恐れ〟があったからと読み取れる。空海個人に対することではなくて、高野山の御山そのものに対する畏敬の念が、この当時あったのである。

次に挙げられるのが、前項でも紹介した、鎌倉時代末期の14世紀初頭の正和2（1313）年の後宇多上皇の高野山登山の記録の『後宇多院御幸記』である。

再び記すと、後宇多上皇の高野山登山ということで、遠近の老若が雲霞のごとく高野山へ押し寄せた。この時に、にわかに雷電して降雨となった。調べてみると、近里の数多の女性が男性に変装して結界内の高野山へ入山していることが分かった。高野山側は堂衆数十名が手杖で、それら女性たちを大門より外に追い出したところ、雲は消えて日が差したとするエピソードである。

女性が禁忌を破り入山しても、追い出しただけの行為そのものにも注意されるが、いずれにしても、鎌倉時代においても禁忌を犯すことにより雷電風雨になることは、前時代の平安時代と変わらない意識であったことが分かる。注目されるのは、女性が女人禁制の禁を犯しても、果敢に高野山へ入山した事実である。そこには、「恐れ」に対する意識の変化が見られる。高野山の結界を女性が越えても、恐ろしさをあまり感じなくなっているのである。次項においては、そのことを詳しく検証してみたい。

6 「恐れ」を超える大師信仰

上記のように、平安時代から鎌倉時代の高野山では、女人禁制などの禁忌を犯すと天変地異が起こると信じられていた。後の安土桃山時代においても、豊臣秀吉が高野山の禁忌である歌舞音曲の禁止を犯して、高野山で能を始めた所、一天にわかにかき曇り、雷電風雨となったため、秀吉は驚いて高野七口の一つの黒河道《くろこみち》を一目散に駆け降りたのであった（図版10参照）。黒河道を通る九度山町久保から市平には「太閤坂」「太閤の馬渡し」の地名や地点が残っている。

高野山における禁忌に対する感覚は、時代が新しくなるほど、弱まっている。おそらく、このことは高野山に限らず、全国の霊山であっても同じ傾向であったものと推察する。江戸時代になると、人々の意識はさらに一段と合理的に物事を考えるようになったようである。

江戸時代中期以降、金剛峯寺の日々の出来事を記した日記の『日並記』には、禁を犯した女性の高野山入山の事例がいくつも披見される。女性がこっそり高野山内の六時の鐘つき堂の裏にひそんだり、奥之院の経蔵の裏にひそんだり、女性の集団が奥之院の御廟に参詣しようと御廟の間際まで来たなど、

図版10　秀吉が青巌寺で能を催し俄に雷電鳴り驚いて退散する様子（『野山名霊集』）

様々な事例が確認される。確かに、これら生々しい出来事は中世社会から近世社会、さらには近現代社会へと続く、信仰の意識の変化を見るには好史料ではある。

しかし、これらの出来事は単なる事件の報告例に過ぎないという面を、冷静に見る必要がある。上記の鎌倉時代後期の史料である『後宇多院御幸記』には、女性が男性に変装してまでも高野山入山をしているのである。すでに中世前期において、「恐れ」を乗り越えようとしていることは注目される。同様の、女性が高野山の結界内へ入る事例は、鎌倉時代から江戸時代初めまでは何度もあった可能性を指摘したい。ただ、高野山における女人禁制の解禁は、次項で述べるように基本的には明治5（1872）年を待たねばならなかったのである。

また、この霊山に対する意識について、もう一つ紹介

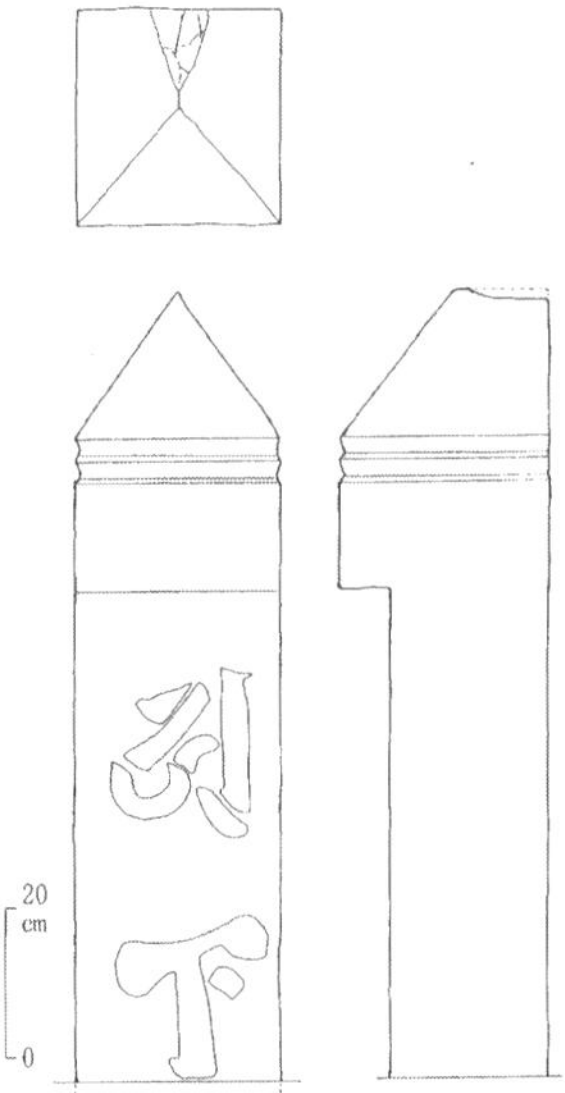

図版 11　慈尊院の下乗石の実測図

図版 12　江戸時代の『紀伊国名所図会』に描かれた大門近くの下乗札

したい事例がある。それが、本稿で度々紹介している『後宇多院御幸記』の記述である。この中で、後宇多上皇が高野山に入ったとして、高野山の山麓の慈尊院の下乗石の前で、感激のあまり涙を流された場面が記されている（図版11参照　下乗石実測図）。

この下乗の信仰も江戸時代には慈尊院から後退して、高野山の女人堂の付近にまで来ていることは、『紀伊続風土記』をはじめ、古絵図資料の『紀伊国名所図会』に描かれている通りである。下乗札は女人堂付近に設けられているのである（図版12参照　大門近くの下乗札）。江戸時代には、慈尊院で高野山に入ったと後宇多上皇のように涙を流す参詣人は、もはやいなくなったのである。これも上記で述べたように、時代とともに結界の範囲が狭まったことにも関連する問題である。

たしかに、その背景に合理的意識の高まりを指摘することもできようが、私は女性の大師信仰の高まりと広がりが高野山の結界の姿を変えたのではないかと考えている。

7　女人禁制全廃までの経緯

高野山が女人禁制を解くには、明治5（1872）年3月27日、明治政府による太政官布告98号の発布を待たねばならなかった。*8

神社仏閣ノ地ニテ女人結界之場所有之候所、自今被廃止候条、登山、参詣、可為勝手事

なぜ、明治政府は女人結界を解くように指令したのであろうか。それは、明治5年3月から5月、京都で開催された第1回京都博覧会で、多数の外国人の来訪が見込まれたからである。それら外国人は、近隣の比叡山への登山を望むものと予測され、その時に女人禁制だからと女性の登山を禁止したならば、文明開化を唱えていた政府にとっては悪影響との判断が起因であった。

ところが、高野山においては明治5年3月27日を以って、一瞬にして女人禁制を解いた訳ではなかった。紆余曲折しながらも、徐々に女人禁制を解いていった。女人禁制解除は国策としてなされたものであり、これに対する高野山の抵抗と、まさに近代化という時流との攻防があった。そのことは、高

野山が近代化する時代の変革には時間の経過を必要としたのである。

明治5年3月の太政官布告の直後、高野山における指導的立場にいた、釈良基・高岡増隆・獅岳快猛・釈雲照等の各師は一山の大衆を糾合して「女人再禁の血盟書」を作成して太政官へ建白した。さらに中堅クラスの僧侶等は御社前で水盃を酌み交わして政府に強訴しようとした。この動きには政府も黙止されず、高野山のみは女人結界勝手たるべし、との朝廷の内意を伝えて安穏におさまった。

太政官布告から1年後の明治6（1873）年春、高野山ではようやく女性の高野山登山が見られるようになる。その頃、高野山内の町家の木炭店で、最初の山内結婚が行われた。ただ、山内は女人禁制解禁の反対運動の最中であり、大問題となり投石事件や、木炭の不売買同盟まで結成されるという大騒ぎとなった。さらに、明治12（1879）年8月には味噌屋を営む夫のあとを慕って高野山に永住した、初めての女性が現れた。

女人解禁の闘争は明治13（1880）年まで続くことになる。同年5月高野山各院は女人止宿禁止とし、女性は山内寺院において白昼だけの休息を認めた。女性の宿泊は、江戸時代の女人禁制当時に復して、旧女人堂を修理し仮りの女人参籠所とし、いずれは正式の女人参籠所を寺院外地へ建設することにした。女性の参詣は許すが、止宿は隔離したのである。

問題は、女人参籠所を何処へ建設するのかであった。高野山内であっても僧坊に隣接してなければ認めることになり、山内の数か所に同参籠所を設ける案が出る。ただ、場所が多ければ取締上不都合があるという理由で、明治15（1882）年3月に現在の高野山大学の敷地の上段《うえのだん》に設けることになった。この時、既に高野山大学は高野山大学林として開校していたが、その敷地は現在の金剛峯寺奥殿付近の旧興山寺の跡地であった。

ちなみに、高野山大学が現在地に移転するのは、旧制大学昇格後の昭和4（1929）年である。それまでの上段は、寺院もあったが町家が建てられていた。その後、上段は飲食店や商店が立ち並ぶ歓楽街へと発展する。金剛峯寺当局は高野山大学が移転するまでに、鶯谷へ上段の町ごとを移転させたのであった。

この上段における女人参籠所については詳らかにできない。明治17（1884）年に行われる高祖一千五十年御遠忌を前にして、同16（1883）年9月に「女人止宿制規ノ義ハ、漸次実践ノ良法ヲ立ツヘキ事」と女人止宿改正条々がなり、翌17（1884）年4月には1泊を限り女性の止宿が認められ、2泊以上の場合は教義所（現在の宗務所）へ届け出ることになった。

明治18（1885）年、女人解禁の動きは一歩進んだ。それは尼僧に対する待遇で、同年の尼僧の1人が正式に高野山住山の僧侶の仲間入りをする「結縁交衆」をした。さらに、同19（1886）年開校の古義大学林（高野山大学林が改称）では、尼僧入学が認められた（図版13参照）。尼僧は堂々と高野山内を闊歩していた様が伺える。高野山の女性の住山は尼僧を先頭に築かれた。

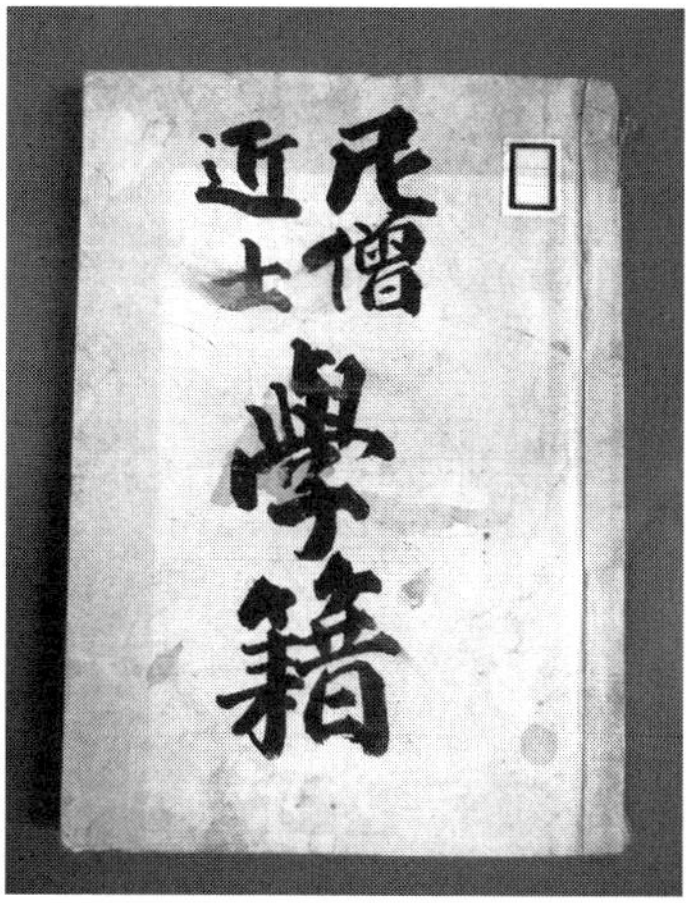

図版13　古義大学林の『尼僧近士学籍』（高野山大学図書館所蔵）

なぜ、古義大学林では尼僧の入学を許したのであろうか。それは、古義真言宗寺院の住職になるには、古義大学林への入学を義務付けしたからであった。この当時、子弟教育を第一として宗団運営をし、必要であれば高野山における禁忌の女人禁制をも、修正をしていった様が見受けられるのである。

その一方で、明治26（1893）年7月金剛峯寺は請願巡査（地方自治体・企業・個人の請願により配置された巡査）の特派を出願して許可を受け、同32（1899）年まで山内警備の駐在が続いた。請願巡査は金剛峯寺お抱えの山内風紀の取締で、特に婦女子の取締に当たった。

明治34（1901）年5月小松宮彰仁親王の高野山登山の時、特に女人留山について令旨を下されて、高野山の僧侶たちは得心したとされている。同37（1904）年日露戦争が突発すると、山内町家の店舗は出征軍人を多く出して、軒並に閉店をせざるを得なくなった。山内寺院においてもそのことは同様で、男手が不足していった。そのため、同39（1906）年6月15日、弘法大師開宗一千百年記念法要が修された日の同日、金剛峯寺座主密門宥範大僧正は、従来の規則である山規を全廃して女人居住の許す山令を下した。女人禁制の治外法権が完全に消滅した瞬間であった。この時、女人禁制をはじめとする、高野山における禁忌が全廃となった。明治5（1872）年の太政官布告以来、実に35年にして高野山の女人禁制が解かれた。高野山においては、一夜にして女人禁制が全廃された訳でなく、相当の時間の経過を必要としたのであった。

高野山遍照光院住職で高野山大学教授の藤本真光師が、公然と自身の結婚式を大師教会本部で挙げたのは、大正15（1926）年であった。式の最初に御法楽として般若心経をお唱えしたところ、お手伝いの若い女性が思わず吹き出したというエピソードが残っている。笑い話とも受け取れるが、筆者は未だ女人禁制の禁忌が残っていたことを今に伝えているものと考える。明治39（1906）年からさらに、20年後の出来事であった。

なお、高野山大圓院御住職の藤田光寛先生（高野山大学前学長）の示教によると、藤本真光師以前に高野山内で結婚式を挙げた僧侶は数名いたことが考えられるとして、たとえば、藤田先生の御祖父藤田寛応師は、大正11（1922）年に結婚式を挙げられたことを御教示いただいた。ただ、その時は大圓院での挙式が許されず、兼務寺院の正覚院で行われたとのことである。その時の結婚式の実際の様子は分からないが、推察するに、挙式は密かに行われたのではなかろうか。

さらに、近年に若倉雅登氏が著した、高野山遍照光院住職の法性宥鑁師（1860〜1929）と高野山内で病院を営んでいた花谷保枝女医との逸話のノンフィクション小説の『蓮華谷話譚』（2019年青志社刊）によると、明治39（1906）年頃に宥鑁師と保枝女医は婚姻関係であったとされている。この点について、高野山青巖寺御副住職の高井知弘師に事実か否か調査を依頼したところ、事実婚であったとの回答を得た。詳細については、今後さらに資料等を博捜して、自身でも明らかにしたい。宥鑁師は明治39（1906）年の女人禁制全廃の実務を担った重要な人物である。本件については興味深い問題を含んでいる。

おわりに

以上、高野山の女人禁制について有史以前から近代までの歴史を、禁忌全体という側面からも、合わせて概略ではあるが述べてみた。女人禁制の問題は、本稿で述べたように基本に流れているものは、仏教以前の太古からの信仰が絡んでいる。このことは、あくまで我が国全体の信仰面の問題である。このことを、繰り返しとなるが強調したい。

また女人禁制と合わせて指摘されるものとして、女人成仏の妨げとされる「五障三従」の問題が挙げられる。しかし、五障は仏教が我が国に入ってからのもので、三従にいたっては江戸時代以降の思想である。これらは、元来の我が国の思想には無かったものであることを記して、本稿を擱筆する。

注

＊1　高野山大学元教授・大谷大学名誉教授

＊2　木下浩良「参詣道の石造物」『高野山結界道、不動坂、黒河道、三谷坂及び関連文化財学術報告書』（2012年刊）所収

＊3　吉成直樹『琉球民俗の底流』（2003年刊）

＊4　筆者は、ここ数年考えていたが、まさに空海によりかつての結界が縮小して現在の状況になったと考えるように至った。この点については、和歌山人権研究所の小笠原正仁先生より問題点を御提示いただいた。

＊5　『高野山文書』第5巻金剛三昧院文書1936年刊）。なお、『鎌倉遺文』第5巻（1973年刊）では3196号文書、文書名「高野山金剛三昧院四方指案」として、同文書は再録されている。

＊6　木下浩良「参詣道の石造物」『高野山結界道、不動坂、黒河道、三谷坂及び関連文化財学術報告書』（2012年刊）所収

＊7　木下浩良「高野山の古瓦（その1）」『密教学会報』43号（2005年刊）所収

＊8　『法令全書』内閣官報局　国立国会図書館デジタルコレクション　https://dl.ndl.go.jp/info:ndljp/pid/787952

大相撲の女人禁制・考

和歌山人権研究所 研究員 藤里 晃

はじめに

2018年4月4日、大相撲巡業舞鶴場所において、多々見良三舞鶴市長があいさつ中に土俵上で倒れるというできごとがあった。このとき、救命措置をしている女性に対して、「女性の方は、土俵から降りてください」と3回アナウンスがあった。そのことを巡り、相撲の伝統を守ることと生命を守ることのどちらが大事なのかという議論が起こった。そして、そのことの批判を受けて、同日中に日本相撲協会の八角理事長（元横綱・北勝海）が「協会からのお知らせ」という「理事長談話」を発表した。

続いて、5日朝、中川智子宝塚市長が、同市で6日に開かれる大相撲巡業宝塚場所で、巡業の実行委員会に「土俵上であいさつしたい」との意向を伝えたところ、断られていたことがわかり、当日は土俵下からのあいさつとなった。

さらに、静岡市駿河区で8日に開かれた大相撲巡業富士山静岡場所で、力士が土俵上で子どもに稽古をつける「ちびっこ相撲」に参加予定だった小学生の女の子が、日本相撲協会からの要請で土俵に上がれなかったことがわかった。

このように立て続けに起こった一連のできごとに共通しているのは、大相撲の「土俵の女人禁制」ということである。そのことを受けて、同年4月28日に、日本相撲協会の八角理事長が「協会からのお知らせ」という「理事長談話」を発表した。

それから2年近くたった今、「大相撲と女人禁制」について考察し、日本相撲協会の差別的な体質、とりわけ女性差別について明らかにしようというのが本稿の目的である。

1　過去にも土俵の「女人禁制」に関わるできごとがあった

①1978年、「わんぱく相撲東京場所」で準優勝の小学5年生の女の子が蔵前国技館（当時）での「東京一」を競う大会に出場できなかった

東京青年会議所主催の「わんぱく相撲東京場所」で、予選で小学3〜6年の各学年の部上位に勝ち残った3人ずつが、蔵前国技館で「東京一」を競うことになっていた。1977年から始まり、この年2回目であった。この地区予選には約300人の女子も参加しているが、荒川区予選の5年生の部で、女子が準優勝を果たした。ところが、国技館は「女人禁制」だとして、大会規約には「予選で女子が上位に残っても、決勝大会には出場出来ない」とあり、その子どもは国技館の晴れの土俵を踏めないことがわかった。

これを知った当時の森山眞弓労働省婦人少年局長らが日本相撲協会に「事情をお聞きしたい」と申

し入れ、1978年5月23日に会談が実現した。「土俵は神聖というのは、どういう意味で?」と局長の問いに、伊勢ノ海親方（元横綱・柏戸）が「自分たちの錬磨の場ということで、女性は不浄だからどうこうということではありません」。

「女性は不浄だとはお思いになりませんね」とただすと、武隈親方（元関脇・北の洋）がグローブのような手を広げて「とんでもない、とんでもないことですよ」。

「女の子が勝ち残ったら国技館の土俵へも上がれますか」の問いには「いや、それは……あそこはきわめて限定された者が上がるところですから」

と答えた（以上、『朝日新聞』1978年5月23日付夕刊を要約）。

このように、『朝日新聞』は、「女の子が勝ち残ったら国技館の土俵へも上がれますか」の問いには「いや、それは…あそこはきわめて限定された者（傍点　筆者　以下同様）が上がるところですから」と書いているが、他の新聞（筆者にはどの新聞に掲載されていたのか特定できなかった）では、「土俵は錬磨の場であり、そもそも選ばれた者しか上がることができない。」と答えたと書かれていたという。であるならば、わんぱく相撲で勝ち抜いた児童は、男女を問わず、その大会の予選会で「限定された児童」、「選ばれた児童」なのではないのか。のちに、問題となる官房長官や知事、市長も選挙民によって、「選ばれた者」ではないのか。ここで言う「限定された者」、「選ばれた者」とは何なのかをきっちりと詰めていけば、その本質が明らかになったのではないか。もっと詰めてほしかったなと思うのである。

②1990年、森山眞弓官房長官、内閣総理大臣杯の授与をとの意向に対して「待った」

1989年暮れ、当時の森山官房長官が「女だから大相撲の土俵に上がれないなんて、おかしいわ」と発言し、1990年の初場所千秋楽（1月21日、東京・国技館）で、海部内閣総理大臣に代わって、自ら内閣総理大臣杯の授与を買って出る意向を明らかにしたが、日本相撲協会の二子山理事長（元横綱若乃花）は、「伝統、文化は守っていかなければいけない」「こういう社会が日本に一つぐらいあってもいい」「土俵に上がっての大臣杯授与は遠慮してほしい」と回答があり、官房長官側が断念した（『朝日新聞』1990年1月5日付朝刊など）。

1月9日付の『朝日新聞』朝刊では、森山長官は、「男女平等を実現するため、いろいろな面で努力してきたが、まだ時々女性であることを理由にチャンスが与えられないことがある。そういう問題が残っていることを知ってもらうよい機会となった」と述べ、「問題提起としての意味はあった」との考え方を明らかにした。また森山長官は、所管官庁の文部省（当時・現文部科学省）を通じて日本相撲協会に助言したことを明らかにし、「相撲の世界の習慣からいって簡単には変えるわけにはいかないと思うが、協会が検討されることだと思う」と期待を述べた、と報じた。

③1991年、「わんぱく相撲」徳島県美馬郡予選で、小学5年生の女の子が優勝したのに、国技館の土俵に上がれなかった

東京・両国国技館で7月28日に開かれる「わんぱく相撲全国大会」（東京青年会議所、日本相撲協会主催）の徳島県美馬郡予選で、小学5年生の女の子が優勝、全国的にも異例の少女横綱が誕生した。しかし、

国技館の土俵は「女人禁制」であるとし、全国大会には予選2位の男の子が出場することになった。「なぜ女の子はダメなのか」と、周囲で素朴な疑問が上がっていた。主催者も割り切れないまま、全国大会出場権を示すメダルは、決勝で女の子に敗れた男の子に渡した。

④太田房江大阪府知事が、知事賞授与で土俵に上がりたいと提起するが、日本相撲協会は拒否

２０００年2月には、大阪府で全国初の女性知事に就いた太田房江氏が地元大阪での大相撲春場所千秋楽の表彰式で、「大阪府知事賞」を歴代府知事と同様に、優勝力士に直接手渡したいと要望したが、日本相撲協会に拒否され、土俵の「女人禁制」が再び焦点となった。この時、朝日新聞社は世論調査を実施したところ、47％が太田知事を支持し、37％が日本相撲協会を支持した。太田知事支持が上回っていたが、知事側が折れる形で決着した。

太田房江氏の8年の知事在任期間中、毎年、土俵上での知事賞授与を申し入れたが一度も実現されず、土俵に上がることができなかった。

⑤内館牧子氏の「女人禁制」維持発言とそれに対する反論

太田知事就任2年目の２００１年3月、横綱審議委員会委員を務めた作家の内館牧子氏と太田知事を支持する人たちの間で、活発な議論が戦わされた。その主な点を記しておこう。

まず、内館氏は「土俵の『女人禁制』維持は妥当」というタイトルで新聞に投稿記事を掲載した。そのなかで、「たとえば歌舞伎の女形や宝塚歌劇のあり方に関し、現代の考え方で『男女差別に怒りを

覚える。男女平等に舞台にあげよ』という訴えがあったとする。そしてもしも、それが受け入れられたなら、その時点で歌舞伎でなくなり、宝塚歌劇ではなくなる。伝統文化においてその核となる部分をいじった場合、それはまったく別ものの誕生ということになるだろう」、「私は、今回、太田房江大阪府知事を土俵にあげないとした日本相撲協会の決定を妥当だと考えている。それは伝統文化の領域であり、現代の男女差別にはあたらない。また、『男だけで担う』ことは、大相撲の核を成す部分だと私は考えている。この点について日本相撲協会と話したことはないが、ここまで必死に女人禁制を貫こうとするのは、やはりそこを核のひとつと考えているからにほかなるまい。」（『朝日新聞』２００１年3月17日付朝刊）と述べた。

それに対して、大橋巨泉は、一週間後の同じ『朝日新聞』の自身のコラム「巨泉の有閑悠閑」に反論を掲載した。

そこでは、「太田房江大阪府知事を土俵に上げないのは、いただけない。横綱審議委員になった内館牧子さんがこれを肯定するのは詭弁（きべん）である。内館さんは、歌舞伎や宝塚歌劇を例にあげているが、太田さんは何も土俵の上で相撲を取らせろと言っているのではない。カップを手渡すだけなのに、女性だからと禁じるのは、差別以外の何ものでもない。神事うんぬんというなら、キリスト教徒が平気で土俵に上がっているではないか。」（『朝日新聞』２００1年3月23日付夕刊）と述べた。

続いて、秋山洋子駿河台大学助教授も、『朝日新聞』に、「土俵での表彰は『公務の遂行』」という文を掲載した。その新聞記事は以下のとおりである。

3月17日の論壇に内館牧子氏の「土俵の〝女人禁制〟維持は妥当」が掲載された。春場所で優勝力士に自ら賞を与えたいという太田房江大阪府知事に「伝統」という観点から反論したものである。せっかく女性初の横綱審議委員に選ばれた内館氏が、女性の権利主張を抑える役割にまわるとは、なんとも皮肉なことである。土俵の女人禁制問題は、女性の権利の問題である。しかし、重要なのは単に個人としての女性の権利ではないことだ。ここで問題になるのは「国民（大阪府民）が権限を委託した公務員が、性別によってその任務遂行を妨げられる」ということである。優勝力士に賞を与えるのは、小さな仕事ではあるが、私たち国民、府民が官房長官や府知事に委託した任務であり、その経費は税金でまかなわれている。任務を委託された者の性別を理由にその遂行が妨げられることは、それを委託した国民、府民全体の問題であり、女性だけの問題ではない。……伝統文化が異性の侵入を拒んできた例として、内館氏は歌舞伎や宝塚歌劇をあげる。しかし、これらのジャンルが性別を限定しているのは芸能を演じる者であり、相撲でいえば力士や行司にあたるだろう。歌舞伎座の舞台の板に女性を立たせない、という話は聞いたことがない。女性を土俵に入れないのは伝統芸能の遂行とは別な次元であり、これに対応するのは山や寺社など「聖なる領域」への女人禁制である。その起源が血を流す女性の身体を忌み、汚れとする考えにあることは、いかに否定しようとしても無理ではないか。さらに、大相撲における優勝力士表彰が、内館氏のいう伝統文化の「核」にあたるのかという疑問がある。私は相撲の歴史についてはまったく無知だが、優勝カップや表彰状などというものが江戸時代に存在したわけはないし、総理大臣や府知事もいなかったのだから、行政体の首長による表彰という行事に、たいした伝統があるとは思えない。時代の変化に伴って生まれた行事であるならば、新たな変化にも柔軟に応じればいいではないか。土俵が神聖な勝負の場であるならば、俗界の長に土足で踏み込むことを許したその時点で、その神聖は破られたのではないだろうか。セクハラ元知事が踏んでもゆるがない土俵の神聖さが、女性知事によってゆるがされるとは、女の力も過大に評価されたものだ。ではこの問題を、どう解決すればいいのか。ひとつは、女性が首長である場合には、日本相撲協会が受賞を辞退することである。そもそも、賞をもらう側が、賞をくれる人の資格に物言いをつけるなど、こんな失礼なことがほかのどこの世界で通用するだろう。もうひとつの解決方法は、もちろん首長の性別にかかわらず礼をもって表彰を受けることだ。まず決断をすることが解決の第一歩である。くりかえしていうが、問題の核心は伝統ではなく、公務の遂行をいかに保証するかということである。

（『朝日新聞』２００１年3月29日付朝刊）

特に、筆者にとって、秋山氏の主張は、斬新なものであったので、少し長くなったが、引用した。なお、ここで3氏が述べられている歌舞伎、宝塚歌劇団については後述する。

⑥女性客が土俵に

２００７年９月19日の秋場所11日目、40歳前後とみられる女性が、警備員の制止を振り切り土俵に上がった。この件についても後述する。

⑦断髪式

力士の断髪式でも、息子は土俵に上がって引退した父親のまげにはさみを入れられるが、娘には、それができない。土俵の下から花束を渡す子どもが多い。母親も土俵に上がることができない。相撲部屋のおかみさんや力士の伴侶も同様である。その例を挙げよう。

２０１０年10月2日、その年の初場所を最後に引退した元大関・千代大海の断髪式、年寄「佐ノ山」襲名披露大相撲が、両国国技館で行われ、３５８人がはさみを入れた。

師匠の九重親方（元横綱・千代の富士）が最後に大銀杏《おおいちょう》を切り落とす前に、佐ノ山親方が女性は土俵に上がれないため土俵下に下りて故郷・大分から上京した母・須藤美恵さん（67）にはさみを入れてもらうシーンがあった。「入門のきっかけをつくってくれた母に何があってもはさみを入れてほしかった」という息子からの恩返しを受けた美恵さんは「最高の親孝行です」と感無量の表情であり、佐ノ山親方は「これまで培ったことを第二の人生に生かし、親方として頑張っていきます」と号泣したという（10月3日付『スポーツニッポン』、『日刊スポーツ』など）。

断髪式には、土俵中央に引退力士が、椅子に座っているが、土俵の上には、絨毯？　が敷かれており、裸足で上がる人や靴を履いたまま上がる人などがいる。土俵は「神聖」であると言っているが、絨毯が敷かれているとはいえ、男性なら土足でも土俵に上げるのである。絨毯を敷いただけで穢れないというのなら大相撲千秋楽の表彰式も絨毯を敷き女性を上げたらいいのではと言いたくなる。

また、２０１０年10月3日の元横綱・朝青龍の断髪式では、土俵下の長女イチンホルロちゃんから花束のプレゼントを受けたこともあった。

2　疑問だらけの日本相撲協会理事長談話

「はじめに」で述べたように、２０１８年4月4日午後2時すぎ、舞鶴文化公園体育館で行われた市制施行75周年記念の「平成30年春巡業　大相撲舞鶴場所」で、多々見市長があいさつ中に土俵上で仰向けに倒れるというアクシデントがあった。男性数人が土俵に上がったが、市長を取り囲んでいるだけの状態だった。このとき、１人の女性が土俵に上がり心臓マッサージを始めると同時に、さらにもう1人が上がり手伝った。さらに2人が上がった。そのとき、行司が、救命中の女性に向かって、「女性の方は土俵から降りてください」と、アナウンスしたことにより、人命が大事か、伝統が大事かということで論争となった。そこで、日本相撲協会は、４月４日の夜、次のような異例の「理事長談話」を発表した。

協会からのお知らせ

平成30年４月４日

本日、京都府舞鶴市で行われた巡業中、多々見良三・舞鶴市長が倒れられました。市長のご無事を心よりお祈り申し上げます。とっさの応急措置をしてくださった女性の方々に深く感謝申し上げます。

応急措置のさなか、場内アナウンスを担当していた行司が「女性は土俵から降りてください」と複数回アナウンスを行いました。行司が動転して呼びかけたものでしたが、人命にかかわる状況には不適切な対応でした。深くお詫び申し上げます。

公益財団法人日本相撲協会
理事長　八角信芳

この談話では、「人命にかかわる状況には不適切な対応でした。」という「お詫び」で、土俵の「女人禁制」については、一切触れていなかった。そのため、各新聞、ＴＶ番組をはじめ、報道機関の日本相撲協会に対する批判が続出した。すなわち、「人命にかかわる状況には不適切な対応」とは、「人命にかかわるほどの状況でなければ、不適切な対応とは言えない」と言っていると受け取れ、「人命にかかわる状況においてまでも女性差別を貫徹しようとしたことは、日本相撲協会の徹底した女性差別体質を現したものとして不適切な対応」だという批判を浴びた。その後も、「はじめに」で述べたようなことが立て続けに起こり、これらが拍車をかけ、日本相撲協会への批判が続出したのである。

そのため、同4月28日、臨時の理事会を開催し、そのあと、「協会からのお知らせ」として、「理事長談話」を発表することとなった。その内容は、「(一)　舞鶴市での不適切な対応について」、「(二)　宝塚市長に土俵下からあいさつをお願いしたことについて」、「(三)　ちびっこ相撲で女子の参加のご遠慮をお願いしたことについて」、と「おわりに」から構成されていた。これらについて順次、所見を述べていくことにする。

①大相撲舞鶴場所で、救命中の女性に対して「女性の方はお降りください」とアナウンス

理事長談話の「（一）舞鶴市での不適切な対応について」は、次のとおりである。

（一）舞鶴市での不適切な対応について

京都府舞鶴市で行った巡業では、救命のため客席から駆けつけてくださった看護師の方をはじめ女性の方々に向けて、行司が大変不適切な場内アナウンスを繰り返しました（傍線A。以下同様）。改めて深くおわび申し上げます。

舞鶴市の多々見良三市長の一日も早いご回復を心よりお祈り申し上げます。

大相撲は、女性を土俵に上げないことを伝統としてきましたが、緊急時、非常時は例外です。人の命にかかわる状況は例外中の例外です（B）。

不適切なアナウンスをしたのは若い行司（C）でした。命にかかわる状況で的確な対応（D）ができなかったのは、私はじめ日本相撲協会（以下、協会といいます）幹部の日ごろの指導が足りていなかったせいです（E）。深く反省しております。こうしたことを二度と起こさないよう、協会員一同、改めてまいります。

まず、「A」に関して。「行司が大変不適切な場内アナウンス」とあるが、なにが「不適切な」なのか、その中身がわからない。「繰り返しました」も、何度か、その内容が明らかにされていない。そこで、YouTube の画面から市長が倒れてから担架で運ばれるまでの3分間を時間経過とともに、振り返っ

てみたい。

多々見市長が倒れ、土俵上には数人の男性がかけつける。「（聞き取りにくいが）〇〇なりますようお願いします」とアナウンスがある。

5秒後　「皆様、お座りになりますようお願いします」とアナウンスがある。

13秒後　「お座りください」のアナウンスがある。1人の女性（Aさんとしておく。以下同様）が土俵に上がる。ここまでは、土俵には、男性数人が上がっているが、何もできていない。

20秒後　土俵に上がったAさんが心臓マッサージ？　をはじめる。同時に、2人目の女性（Bさん）が土俵に上がる。

40秒後　AED（と思われる）が運ばれてくる。

41秒後　Aさんが心臓マッサージを続けていたが、そこへ3人目と4人目の女性（Cさん、Dさん）が土俵に上がる。

45秒後　「女性の方は土俵から降りてください」とアナウンスが入る。

48秒後　つづいて、「女性の方は土俵から降りてください」と2回目のアナウンスが入る。同時に、AさんからBさんに心臓マッサージを交代した。Cさん、Dさんは、土俵上を行ったり来たりしている。警察官たちも駆け寄る。

54秒後　「女性の方は土俵から降りてください」と3回目のアナウンスがある。続いて、「男性がお上がりください」とアナウンス。警察官と思われる男性がBさんと交代し、心臓マッサー

1分10秒後　ジを開始。無理やり交代した感じがしないでもない。
あとから上がったCさん、Dさんが土俵から降りるが、Aさん、Bさんはまだ土俵上にいる。同時に、大きいAED（と思われる）が運ばれてくる。
1分15秒後　AEDを使用するため、警察官？　が心臓マッサージを終了する。
1分18秒後　担架が到着する。Aさん、Bさんともに、土俵を降りる。
1分55秒後　「救急車呼びました！」との報告が入る。
2分44秒後　数人がかりで、「せいのーで」の掛け声で、市長を担架に乗せる。
3分後　市長が担架で運ばれる。

4月4日の理事長談話では、「行司が動転して呼びかけたもの」とあるが、市長が倒れてから3分間をYouTubeで見、音声を聞く限り、筆者には、行司が動転している気配は感じられず、むしろ落ち着いた声で、「女性の方は土俵から降りてください」と呼び掛けているようにも思える。それも、3回であったことがわかる。また、「男性がお上がりください」と念押しをしていることもわかる。
次に「B」に関して。「土俵に上げないことを伝統としてきました」については、後述する。次の「緊急時、非常時は例外です。人の命にかかわる状況は例外中の例外です。」とは言ってはいるが、今回の件で世間から批判を浴びたから方向転換したのだろうか。緊急時は例外としながらも、女性も土俵に上がることができるとしたのは、大きな変更点ではあるが、「命を助けてほしいので上がっていいが、他のときは絶対ダメ」と言っているようにしか受け止めることができない。

次に「C」に関して。「若い行司」だから「不適切なアナウンスをした」と読み取れ、行司の責任ととられかねない言い方になっている。「若い」も「ベテラン」もなく、だれでも同じ対応であったのではないか。だから、「的確な対応」(D)ができなかったのではないのかと勘ぐってしまうのは筆者だけであろうか。「日頃の指導が足りていなかったせいです」(E)とあるが、日頃からどのような指導をしてきたのか、わからない。むしろ、「土俵は女人禁制だ」ということを、事あるごとにたたきこんできたのではないのか。「日頃の指導が足りていなかった」のではなく、指導が徹底していた結果ではないだろうかとも思ってしまう。このようなときは、「お客様の中で、お医者さま、医療関係者の方はいらっしゃいませんか? ぜひご協力をお願いします。」と呼び掛けるのが普通であろう。しかし、そのときはそういうことはなかった。それでもすすんでこの土俵に上がって救命行為を行った女性はたたえられるべきだと考える。

しかし、この談話で明らかになっていないことがある。その一つは、「このアナウンス以外にも、日本相撲協会の協会員が女性らに『下りなさい』などと声を掛け、手ぶりでも下りるよう指示した」(『産経新聞』4月23日付朝刊「関西の議論」より)と言われているがその真偽はどうか。

次に、巡業の責任者である春日野巡業部長(元関脇・栃乃和歌)は、当初、「トイレに行っていた」、「アナウンスは聞いていない」と言っていたが、YouTubeに花道の奥でポケットに手を突っ込んで騒動を傍観している様子が映っているのが確認されると、前言を全面撤回したと言われている。なぜ前言を撤回したのか、実際はどうしていたのか、などの説明がなされていない。

また、一部報道では、「救命後に、大量の塩がまかれた」と言われ、「日本相撲協会の広報担当は、『確認していないが、女性が上がったからまいたのではないと思う』と話した」(『朝日新聞』2018年4月5日付朝刊)とあるが、「思う」ではなく、その後、「確認」したがこうだった、ということがなく、あいまいなままで終わっている。さらに、当の行司の気もちはどうだったかもぜひ知りたいところである。

また、次のような報道もある。「相撲協会は各部屋で自動体外式除細動器(AED)使用の講習会を行い、巡業でも持ち運んでいるが、今回の場合、主催者が待機させている医療関係者は土俵から遠い場所におり、処置に加われなかった。春日野巡業部長は、『マニュアルができていない状況』と明かした。」(『産経新聞』2018年4月6日付朝刊)という。「AED」の講習会を開いていると言っても、実際、役に立たないのでは、何のための講習会なのかわからない。また、「医療関係者が土俵から遠い場所にあり」と言うが、実際、多々良市長が倒れてから担架で運ばれるまで3分もあったのだから十分駆け付けることができると思うがいかがだろうか。YouTubeを見る限り、医療関係者が駆け付けたという様子が見受けられない。土俵上に仰向けに倒れているのだからすぐに気がつくものと思うがどうだろうか。医療関係者を本当に配置していたかも疑わしいのである。このあたりのことも日本相撲協会に聞いてみたい事柄である。

②中川智子宝塚市長、「土俵の上からあいさつできない。これはつらいです。悔しいです」とあいさつ

まず、日本相撲協会「理事長談話」は次のとおりである。

(一)宝塚市長に土俵下からのあいさつをお願いしたことについて

兵庫県宝塚市で行った巡業では、宝塚市の中川智子市長に、土俵下に設けたお立ち台からのあいさつをお願いしました。市長にご不快な思いをさせ、誠に申し訳なく恐縮しております（F）。あいさつや表彰などのセレモニーでも、女性を土俵に上げない伝統（G）の例外にしないのはなぜなのか、協会が公益財団法人となった今、私どもには、その理由を改めて説明する責任があると考えます（H）。

この問題は過去にも議論されたことがありました。そうした折りに歴代の理事長や理事は、だいたい次の三つの理由を挙げてきました（I）。

第一に相撲[*1]はもともと神事を起源としていること、第二に大相撲[*2]の伝統文化を守りたいこと、第三に大相撲の土俵は力士らにとっては男が上がる神聖な戦いの場、鍛錬の場であること、の三つです。

第一の「神事」という言葉は神道を思い起こさせます。そのため、「協会は女性を不浄とみていた神道の昔の考え方を女人禁制の根拠としている」といった解釈が語られることがありますが、これは誤解であります。

大相撲には土俵の吊屋根など神道に由来するものが数々あり、協会はこれらの様式を大相撲の伝統文化を表わすものとして大事にしております。また各地の由緒ある神社においては、大相撲の力士が招かれる奉納相撲が長年にわたり行われています（J）。

しかしながら、大相撲にとっての神事とは、農作物の豊作を願い感謝するといった、素朴な庶民信仰であって習俗に近いものです。大相撲の土俵では「土俵祭（神様をお迎えする儀式）、神送りの儀」

など神道式祈願を執り行っています。[*3] しかし、力士や親方ら協会員は当然のことながら信教に関して自由であり、協会は宗教におおらかであると思います。歴代の理事長や理事が神事を持ち出しながらも女性差別の意図を一貫して強く否定してきた（K）のは、こうした背景があったからです。

先に述べた三つの理由は、私どもの胸中に混ざり合っています。ただし多くの親方たちの胸の中心にあったのは、第三の「神聖な戦い、鍛錬の場」という思いではなかったかと思います（L）。

昭和53年5月に、当時の労働省の森山真弓《（ママ）》・婦人少年局長からこの問題について尋ねられた伊勢ノ海理事（柏戸）は、「けっして女性差別ではありません（K）。そう受け取られているとしたら大変な誤解です。土俵は力士にとって神聖な闘いの場、鍛錬の場。力士は裸にまわしを締めて土俵に上がる。そういう大相撲の力士には男しかなれない（M）。大相撲の土俵には男しか上がることがなかった（N）。そうした大相撲の伝統を守りたいのです（O）と説明いたしました。

のちに女性初の内閣官房長官となられた森山氏に、平成2年1月に面会した出羽海理事（佐田の山）は、「女性が不浄だなんて思ってもいません（P）。土俵は力士が命をかける場所（Q）ということです」と述べました。

土俵は男が必死に戦う場（Q）であるという約束ごとは力士たちにとっては当たり前のことになっており、その結果として、土俵は男だけの世界であり、女性が土俵に上がることはないという慣わしが受け継がれてきたように思います（R）。

当然のことですが、私どもがこだわりを持つのは、大相撲の土俵に限ります（S）。大相撲の原型となった勧進相撲[*4]が盛んになったのは江戸時代の中ごろです。関取の大銀杏と締め込み、部屋制度のもとでの男の共同生活などとともに、土俵は男の戦いの場という約束ごとも、江戸の大相撲以来の伝統です。力じまんの男たちが強さを追求するにはこれらの伝統のすべてが欠かせないと、私どもは先人から教え込まれてきました（T）。

平成16年から3年間、東海大学体育学部の生沼芳弘教授らが大相撲の観客の女人禁制に関する意識調査を行ったことがありました。[*5] 大相撲の土俵の女人禁制に反対しないと答えた人はどの年も6割以上、表彰の時に女性が土俵に上がれないことにも反対しないと答えた人は5割以上いらっしゃいました。

この問題につきましては、私どもに時間を与えていただきたくお願い申し上げます（U）。生沼教授らの調査から10年たちました。再度調査を行い、外部の方々のご意見をうかがうなどして検討したいと考えます（U）。何とぞ、ご理解をたまわりたく存じます。

（次に掲げる注（＊）の解説は、談話では文末にあったが、この本文に関わるものなので、ここに掲げておく。——筆者）

＊1　相撲全般を指しています。

＊2　相撲全般ではなく大相撲を指しています。以下、相撲と大相撲を区別して使います。

＊3　大相撲の土俵では、古事記や日本書紀に力士の始祖として登場する野見宿禰尊をはじめ、戸隠大神、鹿島大神や、吊屋根の房に化体される中国の神話の四神獣（青竜、朱雀、白虎、玄武）を

お祀りしています。

＊4　勧進相撲は本来、寺社などの建立、修築の資金のために相撲を催して見物人から寄付金を集めるものでしたが、やがて勧進は名目となり、力士の生計を支えるのが目的の興行となりました。

＊5　生沼教授は、論文「大相撲における女人禁制の研究Ⅰ～Ⅶ」の中で、太田房江氏が全国初の女性知事として大阪府知事に在任していた時、太田氏から依頼されたのをきっかけで調査を始めたと明らかにしています。

まず、「F」について。「不快な思いをさせ、誠に申し訳なく恐縮しています」と本当に思っているなら、「土俵下からあいさつをお願しましたが、不快な思いをさせ誠に申し訳ありませんでした。これからは、土俵に上がってごあいさつをお願いします」というのが筋ではないだろうか。うわべだけで取り繕っているとしか言いようがない。

「G」について。「土俵に女性を上げない伝統」という表現は、この箇所と（一）の「B」でも共通しているのだが、「土俵に上げない」という高飛車的な言い方になっているので、「女性に遠慮いただいてきたのは」といった言い方の方がいいのにと思うのだが。現に、次の「ちびっこ相撲」の項では、「ちびっこ相撲への女子の参加をご遠慮いただくようお願いいたしました」と丁寧な書き方になっているのと比べて大きな差がある。

そして、今回、「H」で、説明責任を果たそうとしていること自体はひとつの進歩ではあるが、このような談話の形でなく、記者会見を開き、いろいろな人の意見を聞き、それにこたえる形が望ましいと考えるが、いかがであろうか。理事長の談話そのものに聞きたいことがあっても、その質問すらできない。

次に、「I」で、「あいさつや表彰などのセレモニー」で女性を「土俵に上げない」理由として次の三つを挙げている。

第一に相撲はもともと神事を起源としていること、
第二に大相撲の伝統文化を守りたいこと、
第三に大相撲の土俵は力士らにとっては男が上がる神聖な戦いの場、鍛錬の場であること、

の三つである。

これらについて見ていこう。

「第一の『神事』という言葉は神道を思い起こさせます。そのため、『協会は女性を不浄とみていた神道の昔の考え方を女人禁制の根拠としている』といった解釈が語られることがありますが、これは誤解であります。」とあるが、「誤解であります」と言うなら、何が、どう「誤解」しているのか、「神事」であることと「セレモニーで女性を土俵に上げない」ことの理由の説明がなされていない。

次に、「大相撲には土俵の吊屋根など神道に由来するものが数々あり、協会はこれらの様式を大相撲の伝統文化を表わすものとして大事にしております（J前半）」とあるが、後述のように、土俵の上に吊り屋根が吊るされるようなったのは１９５２（昭和27）年とまだ日は浅い。また、同じく「各地の由

緒ある神社においては、大相撲の力士が招かれる奉納相撲が長年にわたり行われています（J後半）」で、「奉納相撲」を取り上げているが、今でも、大相撲の力士以外が参加している奉納相撲や奉納相撲大会があるので、大相撲だけの伝統とは言いがたい。そして、これらの奉納相撲や奉納相撲大会には女性が参加しているものもある。

次に、「大相撲にとっての神事とは、農作物の豊作を願い感謝するといった、素朴な庶民信仰であって習俗に近いものです。大相撲の土俵では『土俵祭（神様をお迎えする儀式）、神送りの儀』など神道式祈願を執り行っています。しかし、力士や親方ら協会員は当然のことながら信教に関して自由であり、協会は宗教におおらかであると思います。歴代の理事長や理事が神事を持ち出しながらも女性差別の意図を一貫して強く否定してきた（K）のは、こうした背景があったからです」と、「力士や親方ら協会員は当然のことながら信教に関して自由であり、協会は宗教におおらかであると思います」であるなら、わざわざ、神道や神事を持ち出すこともないだろう。しかしながら、神道の中には、女性を穢れたものとする考えがその根底にあることを忘れてはならない。また、「協会は宗教におおらかであると思います」と表現しているが、こう言わないと、公益財団法人でなく、宗教法人だと言われては困るからかも知れない。

次に、平成2年1月の出羽海理事（佐田の山）の「女性が不浄だなんて思ってもいません（P）。土俵は力士が命をかける場所（Q）ということです」という説明であるが、その意味するところが解らない。この女性差別（K）と「女性が不浄だなんて思ってもいません」（P）については、後述する。

次に、「第三の『神聖な戦い、鍛錬の場』という思いではなかったかと思います」（L）と他人事のような書き方になっている。今まで問題にしてきているのは、女性がセレモニーを行う土俵に上がるということであり、何もここで力士と相撲を取らせよと言っているわけでもない。セレモニーとしての土俵は、場所の最終取組の前の「これにて千秋楽」という行司の言葉をもって、その場所の相撲の全取組が終われば、日本相撲協会のいう「神聖な戦い」は終わり、「鍛錬の場」でもない単なる土俵となるのである（もちろん、優勝決定戦のある時は、それが終わった時点である）。世の男性なら総理大臣であれ、知事であれ、市長であれ、外国の大統領であっても、土俵に上がることができるのに、同じ立場の女性なら絶対ダメ、上がる資格がないなんていうのは絶対におかしいと考える。セクハラ知事や行司だって土俵に上がっていたではないか。いやもっと極論を言おう。「神聖な戦い、鍛錬の場」というなら相撲と関係のないすべての男性も上げるべきではない。でないと女性のみを土俵に上げないということの説明がつかない。先の大相撲夏場所千秋楽（２０１９年5月26日）において、アメリカのトランプ大統領や、安倍首相は、土俵にスリッパ履きで上がっていた。これは神聖な土俵を「穢す」ことにならないのか。スリッパ履きで「穢れ」ないのなら、女性もスリッパ履きで土俵に上がればいいのではないか、と言いたくなってくる。

次に、「大相撲の力士には男しかなれない」（M）については、だれも女性を大相撲の力士にせよと言ってはいないのでコメントの必要はないだろう。しかし、江戸時代には「女相撲」があり、同じ土俵に上がっていたことについてはどこにも触れてはいない。いや、日本相撲協会に不利になるようなことは触れようとしないのである。

この項のまとめの意味も込めて、２０１８年４月６日の宝塚場所での中川市長の土俵下からのあいさつを見てみよう。

今、開催地の市長として、あいさつさせていただきます。私は女性市長ですけども人間です。当たり前のことです。実は開催市の男性市長さんは土俵の上に立って、あいさつします。私は土俵の外で、あいさつさせていただいています。でも皆さん、そして日本相撲協会の方に聞いていただきたい。女性であるという理由で、この宝塚市の市長でありながら、土俵の上であいさつできない、これは悔しいです。つらいです。

私は考えてもらいたい。でも今、時代はどんどん変わり、女性の知事、市長も増えています。女性の総理大臣も現れるかもしれません。その時に女性は、絶対に土俵の上にのぼってはいけないのでしょうか。いけないという意見もあるでしょう。でも、相撲協会の皆さん、そして皆さんに考えてもらいたい。伝統を守りながら、変えるべきものは変えていく。変革する勇気も大事ではないでしょうか。

（『毎日新聞』２０１８年4月7日付朝刊など）

日本相撲協会はこれらの問いかけにぜひ答えてほしいものである。

また、中川市長は、２０１８年4月19日の日本相撲協会に次のような要望書を提出した。

・土俵上は女人禁制という伝統に基づく方針について、見直しの議論を始めること。

・巡業において、開催地首長のあいさつは男性女性を問わず同じ場所ですべきであり、土俵上か土俵下かは別として、平等に同じ場所とすること。
・千秋楽の表彰式や巡業での首長あいさつなど、セレモニーにおいては、女性も男性と同じように土俵に上がれるよう、議論を始めること。

など、文書での回答を求めている。それに対して、芝田山広報部長（元横綱・大乃国）は、「理事会で議論を始める」と明言したという。その回答はどのようになるのかも注目したい。

なお、舞鶴市の多々見市長は、２０１８年６月14日に退院し、自宅療養後、28日から公務復帰した。

会見した多々見市長は土俵上で救命措置を行った女性や医療関係者への感謝の言葉を述べ、女人禁制について「しきたりや伝統よりも、救命措置が必要な事態や異常事態は優先されるべきだろう」とした。……「日本相撲協会は（女人禁制を）理解してもらえるか、もらえないか、どうするべきか、結論をだすべきだ」と話した。

（『産経新聞』２０１８年６月28日ネットより）

このような記述内容を踏まえ、日本相撲協会の真摯な議論を期待したいものだ。

③元女相撲の大関若緑が巡業の土俵に上がって、あいさつをした

「大相撲の土俵には男しか上がることがなかった」（N）と言うが、元女相撲の大関であった若緑は、引退して16年後の1957年の高砂一門の愛媛県北条巡業で土俵に上がってあいさつをしている。このことは、若緑の息子である遠藤泰夫氏が、『女大関　若緑』（朝日新聞社、2004年）という著書のなかで明らかにしている。少し長くなるが、示唆に富んだ内容なので紹介したい。

高砂親方（元横綱・前田山）が巡業の勧進元である若緑に「勧進元の挨拶は若緑さんがせないかん」（前掲書207頁）と言ったが、若緑は断った。それに対して、高砂親方は、「確かに神代の昔から女は一度も土俵に上がったことはない。でも、いつまでもそんな考えをしているのは時代遅れだ。日本の封建的な時代は、今度の戦争で終わったんだ。ワシはアメリカを見てきてよくわかった。これからの日本は、井の中の蛙でなく、もっと世界に目を向けにゃならん」（同書209頁）と言ったという。

巡業当日を迎え、土俵上に若緑が上がっているのを見た観客は驚いた。関係者が苦慮しているとき、高砂親方はマイクを握り、「ワシは高砂浦五郎です。この度の高砂一門の巡業は、勧進元であります元女大関若緑さんの取上げ相撲（筆者注　引退相撲カ）をするために参りました。大相撲の土俵には女の人が上がれないことになっております。が、しかし、若緑さんは女と言っても相撲取りです。相撲取りが土俵に上がらんと相撲は取れません。若緑さんは土俵には上がらないと断りましたが、ワシがどうしても上がれと云うタンです。このことで日本相撲協会が、どう云うかわかりません。が、高砂やほかの部屋が巡業に来たときは、若緑さんに大変お世話になっております。もし、協会で問題になったら私が全責任を取ります。本日は若緑さんの取上げ相撲を祝ってあげてください。北条の皆さん、ど

うか若緑さんに温かいご支援をお願いいたします」（同書215〜216頁）と、説明した。でも、その後、何も問題は起こらなかったようである。

この事実が公になったのは、『女大関　若緑』が発刊された2004年であるが、日本相撲協会は、どのように考えてきたのだろうか。元女大関が土俵に上がってあいさつをしたという事実を共通理解していたなら、今回の問題も起こっていなかったとか思うと同時に、このような親方がいたということも忘れてはならない。

また、2007年9月19日（秋場所11日目）に、女性客が、土俵に上がっているのである。「40歳前後とみられる女性が、警備員の制止を振り切り土俵に乱入。約1400年の大相撲の歴史で初めて女人禁制が破られた」（『日刊スポーツ』2007年9月20日付）、「女性客が正面西側の土俵下で女性警備員ともみあった後、両ひざをつくような格好で土俵に上がった」（『読売新聞』同日付朝刊）と報じ、2紙とも土俵の中に足が入っている写真を掲載している。NHKも生放送で「土俵に上がった」と実況している。しかし、日本相撲協会は、「上がった」とは認めていない。もし、本当に「上がった」のでないなら、新聞社に対して、「誤報である」として訂正記事を求めてしかるべきだと考えるが、そういうことはなかったようである。それより、「土俵に女性が上がった」とは認めたくはないというのが本音だろうか。

「大相撲の伝統を守りたいのです」（O）については、「伝統」ということに絞って、後述する。

次に、「土俵は力士が命をかける場所」（Q）、「土俵は男が必死に戦う場」（Q）と言ってはいるが、大相撲において、2011年に八百長問題が発覚したり、その前年においては、大相撲野球賭博問題、最近では、力士の暴行事件、行司のセクハラ問題などが相次いでいることから考えて、「必死に戦う場」とは言いがたい。また、何が神聖なのかという事件が相次いでいる現状をどのように考えるのであろうか。

次に、「女性が土俵に上がることはないという慣わしが受け継がれてきたように思います」(R)、「私どもは先人から教え込まれてきました」(T)と言うが、これも、「受け継がれてきたように思います」と、表現している。筆者は②、③で、3か所に「思います」に傍点を付けた。これらはいずれも核心の部分であるが、そこが、自信のない書き方となっているし、「先人から教え込まれた」から守らなければならないというのも説得力に欠ける。

次に、「S」について、「私どもがこだわりを持つのは、大相撲の土俵に限ります」と言っているが、「大相撲の土俵」というのがもう一つあいまいな表現である。「年六回の大相撲本場所」の土俵なのか、福祉大相撲やトーナメント大会はどうか、巡業を行う各地域の土俵を含むと見るのか、各部屋の土俵もさすのか、青年会議所、日本相撲協会主催の「わんぱく相撲」はどうなのか、など聞きたいことがいっぱいある。しかし、このような一方的な談話の形であれば、「大相撲の土俵」とは、どういう意味なのかも問えないのである。

次に、「表彰の時に女性が土俵に上がれないことにも反対しないと答えた人は5割以上いらっしゃいました」(U)とあるが、「大相撲における女人禁制の研究(Ⅶ)」(58頁)を見れば、「表彰時なら土俵に上がっても良いのではないか」という問いに対して、2004年は、賛成が47・3%。反対が、52・7%。06年は、賛成、反対共に、50%、07年は賛成が47・1%、反対が52・9%であった。この数字を見る限り、賛否は、ほぼ同数と見ることができるのではないかと考える。「5割以上」ということばに惑わされてはならない。続いて、談話では、「この問題につきましては、私どもに時間を与えていただきたくお願い申し上げます」（U）。「生沼教授らの調査から10年たちました。再度調査を行い、外部の方々のご意見をうかがうなどして検討したいと考えます」（U）とあり、調査の実施を約束している。調査についても後述する。

④静岡場所開催の4日前に「ちびっこ相撲」に女の子の参加はダメという連絡（V）

次に、「ちびっこ相撲」が、休止になったことについて、日本相撲協会の見解を見てみよう。

（三）ちびっこ相撲で女子の参加のご遠慮をお願いしたことについて

宝塚市、静岡市などの巡業で、ちびっこ相撲への女子の参加をご遠慮いただくようお願いいたしました（V）。ちびっこ相撲は、以前は男子に限っていましたが、平成二四年の巡業の際に、女子を参加させたいとの要望が複数寄せられました。当時の北の湖理事長が「ちびっこ相撲は土俵の伝統とは別」（W）と考え、要望に応えることにしました。

ちびっこ相撲では、関取が胸を貸し、子供たちは関取にぶつかります。子供たちが転倒することもあるので、けがが心配です。女子の参加が増えるにつれて、関取らから特に女子の顔に傷を負わせることを心配する声が上がってきました（X）。また、関取は裸に稽古まわしという姿なので、小学生でも高学年の女子が相手になると、どう体をぶつけていいのかわからないと戸惑う声もありました。

関取らの声を受けて、執行部は昨年（筆者注　2017年のこと）秋、女子の参加はご遠慮いただこうとの方針を決め、春巡業の各地の勧進元へ伝達しました（Y）。しかし、どの勧進元に対しても、なぜ女子の参加をご遠慮いただくのか理由を説明しておりませんでした（Z）。そのせいで、女人禁制を子供にまで当てはめ、子供たちの楽しみを奪ったと、多くの方々から誤解される事態（a）となってしまいました。誠に慙愧に堪えません。

この春の巡業では、ちびっこ相撲でけがをしたとの訴えが二件（b）、いずれも男子のご両親から寄せられました。

こうした訴えが実際に寄せられた以上、ちびっこ相撲はいったん休止（c）し、そのやり方を根本から見直したいと考えます。一、二人の子供たちが一斉に一人の関取にぶつかるやり方を改め、けがをしない安全なちびっこ相撲を考えて、再開をめざします。合わせて、女子の参加についても再検討いたします（d）。

「V」では、「（力士が土俵で子どもに稽古をつける）ちびっこ相撲への女子の参加をご遠慮いただくようお願いいたしました」と丁寧な書き方をしている。この「ちびっこ相撲」の参加については、かつては、「北の湖理事長が「ちびっこ相撲は土俵の伝統とは別」（W）と考え、要望に応えることにしました」と認めてきたのに、いまさら、何を言っているのかと言いたい。

ちびっこ相撲に女子の参加も禁止の背景には、今回の件と関係ないように、「昨年秋」（筆者注

2017年のこと）に決めた（Y）としているが、富士山静岡場所においては、舞鶴場所でのアクシデントが起こったまさにその日の4月4日に、勧進元に連絡があったという。静岡場所の開催は、4月8日だったから、たった4日前のことであった。参加予定の5人の女の子は非常に残念がったという。同様のことが、岐阜県中津川市、群馬県高崎市、長野県東御《とうみ》市、宝塚市などの巡業でもあり、女の子が「ちびっこ相撲」に参加できず、女の子が楽しみにしていた夢を奪ったのである。日本相撲協会がいかなる理由を挙げようと、この機会に、子どもの世界にまで「女人禁制」を貫こうとしたとしか受け取れない。日本相撲協会は、安全面というが、後付けの理由としか言えない。『朝日新聞』（4月13日付朝刊など）が「（4月）12日に静岡以外の巡業地に協会の申し入れについて確認したところ、要請時期についてもばらつきがあり、今月下旬に巡業を開催する主催者は『要請は受けておりません』と話した」という。日本相撲協会は、その場その場で、言い逃れの説明をしているに過ぎないのではないだろうか。

そして、2018年4月28日の理事長談話によると、同年の夏巡業からは、「ちびっこ相撲はいったん休止」となった。これは、女の子だけを土俵に上げないとなると、世間からどんな批判を浴びるかわからない。そこで、それまでの談話などでは、女の子のけが心配であると（X）言ってきたのに、ここでは、わざわざ、男の子のけがの訴えが2件（b）あったことを持ち出し、それなら、いっそのこと「ちびっこ相撲」そのものを全面休止としてしまえと考えたのではないかと推測するのである。

ここで、日本相撲協会は巡業の役割をどう考えているのかを見てみよう。「日本相撲協会ホームページ」の「巡業部より」には、「地方巡業を通じ全国のファンを大切に、相撲道普及に努めると共に、全国の子供たちに夢を与え、青少年育成に役立てばと一層努力していく所存であります」と書いている。

このことの意味をゆめゆめ忘れてはならないだろう。一日も早い「ちびっこ相撲」の復活を願うものである。もちろん「子供たちに夢を与え」という以上は、「子供たち」には、女子も含んでいることを忘れないように願いたいものだ。

ところが、２０１８年10月９日付の『日刊スポーツ』は、「大相撲秋巡業が８日、神奈川・南足柄市で行われ、力士会会長の横綱鶴竜（33＝井筒）が、支度部屋で『巡業があんまり盛り上がっていない。ちびっこ相撲を復活して欲しい』と話した。……秋場所前の力士会でも話題に挙がり、巡業部に提案したが通らず『普段できないことをできるのが巡業なのに』とポツリ」と書いている。

また、２０１９年５月１日、大相撲の力士会が、東京・両国国技館で開かれ、普及の観点から、巡業での子どもの稽古再開を日本相撲協会に要望することを決めたという。

これらから、日本相撲協会が言っていることと力士会の意向とは必ずしも一致していないことがわかる。協会側が、その場その場での言い訳をしている結果がこのようなことになっているのではないだろうか。

また、『日刊スポーツ』、『デイリースポーツ』などによると、２０１９年10月26日の広島市の秋巡業では、「地元の子供とふれあいコーナー」とし、幕内力士２人が、同市内の幼稚園児らからの質問に応じた。「なぜお相撲さんになったのか？」、「どうやったら、強くなるのか？」、「プロ野球はどこのファンか？」などの質問に答えたという。この企画そのものはよいとしても、「ちびっこ相撲」そのものをどうするのかということとは、別の話である。

結局のところは、いまだに、「ちびっこ相撲」についての日本相撲協会の方向性は決められていないのである。

ところで、高砂部屋（親方は、元大関・朝潮）では、毎年、8月下旬に、神奈川県平塚市大原の総合公園で夏合宿を行い、朝稽古を公開し、そのあと、子どもたちが力士に挑戦する「ふれあいちびっこ相撲」も行われている。これには、男女合わせて、約30人が参加している。やろうとすればできるのにと思う。

⑤国が「国技大相撲」と決めたのか（e）

よく、「相撲は国技である」と言うが、実際はどうかという点について考えてみたい。

「公益財団法人日本相撲協会定款　第三条」では、「この法人は、太古より五穀豊穣を祈り執り行われた神事（祭事）を起源とし、我が国固有の国技である相撲道の伝統と秩序を維持し継承発展させるために、……」とあり、「相撲は国技である」と言っている。このことについて、国会では、「相撲が国技と称されていることは承知しているが、国技の認定の基準、考え方等を政府として定めたものはなく……」（平成19年2月20日受領　答弁第55号）、「政府として、国技の認定の基準、考え方等を政府として定めたものはない」（平成23年3月8日受領　答弁第107号）などと答弁書には書かれている。このように、国には国技の定めがないにもかかわらず、日本相撲協会が、「相撲は国技である」と言っているにすぎないのである。それではなぜこのようなことになっているのか。それは、明治時代の終わりまでさかのぼらなければならない。

1909（明治42）年、東京両国に初の相撲の常設館ができた。相撲はそれまで寺社境内で催され、雨が降ると順延になっていた。そこで、屋根のある相撲場の建設をということで、話があり、ついにできあがったのである。完成当初、館名がついていなかった。「常設館」、「尚武館《しょうぶかん》」、「相撲館」などの名前が候補に挙がっていたという。

開館に先立って、当時の作家・江見水蔭《えみすいいん》があいさつ文を起草した。その文中に「角力《すもう》は日本の国技」という表現があり、当時の角界幹部であった尾車文五郎《おぐるまぶんごろう》が、それを気に入り、「国技館」という名前を提案した。これが採択され、相撲常設館は、「国技館」と命名されたのである。これが同年６月２日の開館式が間近に迫った5月29日のことだった。こんな間際になってもまだ館名が決まっていなかったというから驚きである。

相撲が「国技」だから国技館と命名したのではなく、相撲をする場所を「国技館」と命名したから「相撲は国技である」ということにしてしまったのである。つまり「相撲は国技である」と勝手に名乗りはじめたのである。そして、昨年は、ちょうど110年目であった。つまり、110年間も「相撲は国技である」と言い続けてきたのである。そうであるなら、文部科学省も日本相撲協会に対して、「相撲は国技」と決めたものはないので、こういう言い方は認めないと強く指導すべきである。

なお、この「国技館」建設を契機に、板垣退助は「待った」の作法を定義し、八百長排除の誓約書にサインをさせるなどの改革を行っている。このことは、それまでに八百長があったことを物語っている。また、国技館完成の翌年から、行司の装束は、烏帽子《えぼし》、直垂《ひたたれ》姿となり、今日に至っている。

この「国技館」は、日本銀行本店や東京駅などを手がけた辰野金吾（１８５４～１９１９）の設計による日本初の円形ドーム式の西洋建築で、天井には三基のシャンデリアが飾られていた。多くの人の目を引いた。

その後、焼けたりし、蔵前国技館（１９５４年完成）、現在の両国国技館（１９８５年～）と、和風建築になっていったのである。

⑥「伝統」は変えることができないのか（Ｏ）

次に、日本相撲協会は、「伝統は守る」とよく言う。しかし、日本相撲協会は、過去から何も変えてこなかったのかというとそうではない。

例えば、現在の相撲を見ていると、幕内では、制限時間は4分となっているが、その昔は、時間制限などなかったのである。両者は気が合えば立ち上がったのである。したがって、立ち合いは、4分より早くてもいいし、延々と仕切り直しが繰り返された場合もあったようである。ところが、１９２８年1月12日からＮＨＫのラジオ放送が始まり、中継を時間内に収める必要から、幕内10分、十両７分という制限時間を設けたという。このとき、仕切り線も設けられたという。

その後、幕内の制限時間は、7分そして5分と短縮され、１９５０年から現在に至るまで、4分となったのである。また、十両は3分、幕下以下は2分である。

次に、もともと、大相撲の土俵の屋根を支える四本柱があったが、その柱が、観客やテレビの視界を遮るとの理由から、それを取り、「吊屋根」式に改造した。それ以来、柱の代わりに屋根の四隅に青、赤、白、黒の房を下げた。相撲中継を見ていると、「青房下」、「白房下」などと言っているのがそれである。これが、１９５２年9月のことであり、翌年5月からのＮＨＫのテレビ中継に先駆けての実施だったと言われている。

このように、伝統と言ってきたことがらも、観客やテレビ中継にあわせて、伝統を簡単に変えてきたという歴史も見逃せない。

ここで、「J」を見てみよう。そこには、「大相撲には土俵の吊屋根など神道に由来するものが数々あり、協会はこれらの様式を大相撲の伝統文化を表わすものとして大事にしております」と書かれており、「吊屋根」が古くからの「伝統」のように思われがちであるが、いま述べたように、「吊屋根」になったのは、1952年9月のことである。

また、「横綱」も「優勝制度」も元々なかったのであるが、それらも創られた伝統である。このように、「伝統」、「伝統」と言っていることの中身もその都度、恣意的に変えられてきたのである。

もう少し、例示しよう。

1969（昭和44）年春場所2日目、戸田（のちに羽黒岩）が横綱大鵬の連勝を45で止める金星を挙げた。戸田は俵づたいに回り込む大鵬を押し出した。押し出す直前、戸田の右足が土俵外に出ていたと見た行司は大鵬に軍配を上げた。しかし物言いが付き、協議の末、行司軍配差し違えで戸田の勝利となった。しかし、NHKは午後7時からのニュースで、この一番をスローモーションで放送。誤審が明らかになり、大騒ぎになった。日本相撲協会には抗議の電話が相次ぎ、大鵬が所属する二所ノ関部屋宿舎には「タイホウ　ガ　カツテイタ。キ　ヲ　オトスナ」との電報まで届いた。この一番は「世紀の大誤審」としても語り継がれている。これを契機に日本相撲協会は、この翌場所からビデオ判定を導入した。相撲界の伝統は、行司、検査役の審判部の判断が絶対とされていたが、その伝統を廃止して、ビデオを判定に利用したのである。今では、サッカー、野球、テニス、バドミントンなどいろいろな競技でビデオ判定が導入されているが、そのさきがけとなったのである。

１９７２年７月場所でハワイ出身の高見山が外国人として初めて優勝したことをきっかけに国籍問題の検討が始まり、１９７６年、春日野理事長（元横綱・栃錦）の時代に、理事会で「年寄株の取得は日本国籍を有する者に限る」という内規ができた。

２００２年には、「外国人力士は1部屋に１人」という内規も、モンゴル勢が土俵を席巻していくなかで作られた。「国技を守るため」という理由付けがされているが、昔からの伝統も変えてきた歴史もある。

次に、相撲の世界以外の変化を見ておこう。

かつては、「女人禁制」と言われた酒蔵の杜氏も、現在は女性が今や1割を超えている。トンネルの貫通式に女性が出席すると山の神が荒ぶると言われたが、それも昔話になりつつある。最近では、女性の現場監督もいる。また、かつては鵜匠も世襲制で、長男のみが相続できるとされていたが、女性の鵜匠も誕生した。消防士や電車の運転士、飛行機のパイロットなどにも女性が進出している。

２０１６年８月２日に甲子園球場で行われた、第98回全国高校野球選手権大会の甲子園練習で、大分高校の女子マネージャーがグラウンドに入り、大会関係者から制止された。日本高等学校野球連盟の規定により、女子生徒は甲子園練習に参加できないことになっていた。女子マネージャーを制止した大会関係者の行動は、この規定に則ったものだが、ネット上では「時代とずれている」と反発の声が上がった。このため、高野連は、同年11月25日、大阪市内で理事会を開き、春夏の甲子園練習で女子部員（マネージャー含む）の練習補助を可能にすることを全会一致で決めた。

２０２０年の東京オリンピックのゴルフ会場に予定されている埼玉県川越市にある「霞ヶ関カンツリー倶楽部」が、正会員を男性に限定していたが、２０１７年、国際オリンピック委員会（ＩＯＣ）からの強い要請を受けて規則を変更し、女性正会員を承認した。

新潟県旧山古志村《やまこし》（現長岡市）で、２０１８年5月4日と5日に行われた国の重要無形民俗文化財「牛の角突き」で、前年まで男性に限られていた闘牛場内への女性オーナーの立ち入りが初めて認められた。

これらの例のように、長い伝統も変えてきているのである。変えようとすれば変えることができるのである。どこかのＣＭではないが、「世界は一つずつ変えることができる」のであり、「伝統も一つずつ変えることができる」のである。

しかし、日本相撲協会は、土俵の「女人禁制」については、長い伝統だから変えることができないと言い続けているのである。

⑦「意識調査」の実施についてどうなっているのか

２０１８年4月28日の「理事長談話」で、「生沼教授らの調査から10年たちました。再度調査を行い、外部の方々のご意見をうかがうなどして検討したいと考えます」（U）とあるが、その後どうなったのであろうか。そこで、日本相撲協会の２０１８年度「事業報告書」を見ると、２０１８年7月26日の理事会の案件に「土俵と女性に関する調査委員会発足の件」とあり、「Ⅳ法人の課題　四．土俵と女性の問題ついて」で、「本件に関して、協会は今後丁寧な調査と検討を行うことを決定、理事長談話を発表し、この調査を目的とした、土俵と女性に関する調査委員会を発足させた」とあった。筆者は、この調査委員会について十分把握しきれないでいたが、次の新聞記事により少しだけだが明らかになったことがある。

2019年3月8日、宝塚市の中川市長と日本相撲協会の芝田山広報部長が面談し、女性と土俵に関する調査委員会を2018年7月に設置したと明らかにし、「どのような調査をするかを今後決めていく」と話したが、具体の中身が示されていない。4~5月に第1回会合を開き、検証する見通しという。委員会の委員長は尾車事業部長（元大関・琴風）が務め、協会の教育研修担当顧問の櫟原《ひらはら》利明・元参院法制局調査室長、観客の女人禁制の意識調査を2004年から3年間行った生沼芳弘・東海大教授らがメンバーだという。芝田山部長は「調査に時間はかかると思う」と見通しを示した（『産経新聞』、『毎日新聞』など3月9日付朝刊）。

そして、5月15日、「土俵と女性に関する調査委員会」の初会合を開き、「大相撲の土俵に女性が上がることを禁じる『女人禁制』の意識調査実施に向け、議論となった経緯や過去の調査などを外部委員と情報共有した」という。今後の動きに注目したい。

ここでは、過去に行われた調査をふり返り、意見を述べておく。

「一」の「④」では、朝日新聞社が2000年2月に行った結果を述べたが、その質問項目は「日本相撲協会は『伝統を守る』という理由で、女性が土俵に上がることを認めていません。一方、全国初の女性知事となった大阪府の太田房江知事は、3月の大相撲春場所で、知事賞を渡すために土俵に上がることに意欲を示しました。あなたは、相撲協会と太田知事のどちらを支持しますか」というもので、それに、37%が「相撲協会を支持」、47%が「太田知事を支持」、16%が「その他、答えない」であった。

また、「二」の「②」では生沼氏らの調査結果として、「表彰時なら土俵に上がっても良いのではないか」という問いに対して、２００４年は、賛成が47・３％。反対が、52・７％。０６年は、賛成、反対共に、50％、０７年は賛成が47・１％、反対が52・９％であったと、既述した。

その他の調査があれば、それを見ておきたいが、筆者は、『朝日新聞』以外のものを見出すことはできなかった。

２００４年3月6日付の『朝日新聞』は、beモニターに、「女性が大相撲に上がれない伝統・慣習」への賛否を聞いている。この結果は、「土俵に女性が上がれない慣例に賛成が、46％、反対が54％であった。同新聞は、これを「結果はほぼ二分」と記述している。また、同社が２０１８年5月19・20日に行った世論調査で、日本相撲協会による大相撲の「女人禁制」について尋ねている。表彰式などのセレモニーで女性が土俵に上がることを「認める方がよい」と答えたのは65％、「認めない方がよい」は23％だった。

このように調査方法、時期、質問内容などによって結果が異なるし、前回の生沼調査のような相撲観戦に来た人のみを対象としたものであれば、偏ったサンプルとなり、民意を反映したものとは言えないだろう。そこで、どのようなサンプル、質問項目はどのようにすればよいのかなど、十分精査し、調査を実施することを期待したい。

3　大相撲の「女人禁制」

①相撲の歴史

ここでは、相撲の歴史について簡単に述べる。

文献上、「相撲」という言葉が初めて登場したのは、『日本書紀』（巻第14）の雄略天皇期の部分に、雄略天皇13年9月に「天皇が『采女《うねめ》』（宮中の女官）を集めて、衣裾《きぬも》（着物）を脱がせ、著犢鼻《たふさぎ》（ふんどし（まわし））を締めさせ、相撲をとらせた」とある。ここで注目したいのは、「相撲」のはじめは、「女相撲」ということである。

次に、16世紀ごろの『義残後覚《ぎざんこうかく》』（巻5）という書物によれば、「京伏見にて比丘尼《びくに》（尼僧）相撲を取る事」という項目で、室町時代の女性力士が紹介され、勧進相撲（営利目的の相撲。日本相撲協会はこれを大相撲の源流としている）で、「比丘尼」が相撲を取っていたことが書かれている。これもまた、「女相撲」である。

また、井原西鶴の『色里三所世帯《いろさとみどころせたい》』（元禄元〈１６８８〉年）には、「秋の初め、女相撲を催した。広庭に四本柱を立て、紅の絹で巻き付け、美女に男のすなる緞子《どんす》二重まわりの下帯をさせ」と、「女相撲」について、書かれており、四本柱についても触れている。これを見ると当時は、遊里などの余興として芸者にふんどし（まわし）をつけさせて相撲を取らせたことがわかる。また、近松門左衛門の「関八《かんはっ》州《しゅう》繋馬《つなぎうま》」（享保9〈１７２４〉年）にも同様に「お座敷相撲」のようすが書かれている。

延享年間（１７４４～１７４７）に江戸の両国あたりで女相撲が始められ、明和年間（１７６４～１７７２）に大流行した。この時は女力士による普通の取組が主なものであった。

幕末の儒学者、寺門静軒《てらかどせいけん》の『江戸繁昌記』（天保2〈１８３１〉年）では、江戸時代の相撲では頭に血が上った相撲ファンが頻繁に乱闘騒ぎを起こしていたことが書かれている。そのため、女性の相撲観戦は禁止となっていた。これを見ると、江戸時代の相撲観戦は、「女人禁制であった」という表現は当たっていない。話は前後するが、寛政３（１７９１）年には、当時の千秋楽である10日目の取組が女性に開放されたが、当時、千秋楽には、幕下から下の力士の相撲しか行われなく、観客も騒ぎを起こさなかったためという。そして、１８７２（明治５）年には、２日目以降女性に相撲観戦が開放され、１８７７（明治10）年には、初日以降毎日開放されるようになった。

これらの開放は、相撲人気が下火になったことで、どうしたらよいかということで、当時の相撲関係者が元土佐藩主である山内容堂に相談した結果、山内は、「婦人をおろそかにしてはいけない」と助言し、女性の相撲観戦を解禁したとされる。

また、江戸時代では、女性と視覚障がい者が相撲を取るということもあった。これを合併相撲とよんだ。これは、見世物《みせもの》的要素が強く、しかも、視覚障がい者が土俵上で相手を探して右往左往する姿を見てゲラゲラ笑っていたという差別的なこともあった。今では考えられないようなできごともあった。ここまでくると、相撲は娯楽を通り越している。また、明和６（１７６９）年に、土俵上で、１人の女性に、視覚障がい者の男性が数人で襲いかかるということもあり、寺社奉行所から、風俗取り締まりを目的に合併相撲の停止命令が出された（朝倉夢聲『見世物研究』64頁）。これは、日本相撲協会の前身である相撲会所が出したものではなく、寺社奉行所であったのである。また、合併相撲は禁止されたが、女相撲は禁止されていない。

また、天明元（１７８１）年以降、両国の回向院《えこういん》の境内で勧進相撲が開かれたとされ、女性同士が相撲を取る「女相撲」も行われていたという（横山健堂『日本相撲史』153頁）。

天明５（１７８５）年の「鎌倉山女相撲濫觴《らんしょう》」という女相撲を描いた絵には二重土俵が書かれている。

この絵から上半身裸にまわしを纏った2人の女性力士が土俵の上にいることがはっきりわかるし、行司も土俵の上にいる。これも女性のように見える。さらに、やはり上半身裸にまわしの女性力士が土俵のまわりを囲んでいるのがわかる。これを見ても、土俵が「女人禁制」ではないことが明らかである。

以上見てきたように、古代から江戸時代においては、男女とも、同じ土俵に上がっていたと思われ、土俵の「女人禁制」は、認められないのである。

②土俵の歴史

ここで、土俵の歴史を簡単に述べておく。土俵の起源は鎌倉時代にさかのぼる。その頃、見物人や力士が直径7~9メートルくらいの輪を作っていたもので、それを「人方屋《ひとかたや》」と言っていた。江戸時代になり、「人方屋」では、特定の力士の贔屓《ひいき》が手を出して勝負を妨害するなど喧嘩が絶えなかった。そこで、寛文年間(1661~1673)になると俵で囲むようになった。現在のボクシングなどのリングのように四本の柱の下に紐などで囲ったものになった。さらに、それを俵で囲んだものとなり、四角い土俵になった。

次に大相撲では延宝年間(1673~1681)、東屋造《あずまやづく》りの屋根の下に四神を表す4色の布を巻いていた柱の方屋の下に、五斗俵による約4メートルの丸い土俵が設けられた。享保年間(1716~1736)、俵を2分の1にし、地中に半分に埋めた一重土俵ができた。これに外円をつけて二重土俵となった。

1928(昭和3)年1月12日からNHKのラジオ放送による大相撲中継が始まり、仕切りに制限時間を設定し、同時に土俵に仕切り線を設けた。1930（昭和5）年3月場所からは、土俵上に座っていた勝負検査役を土俵下に降ろし、5人とした。また方屋柱に塩桶をくくりつけた。さらに、1931（昭和6）年4月の天覧相撲の際、二重土俵の内円をなくし径4・55メートルの一重土俵に変更され、蛇の目の砂は、俵の外側に撒かれるようになった。

③明治時代

明治のはじめ軽微な犯罪を取り締まることを目的に東京違式詿違《いしきかいい》条例が出された（1872〈明治5〉年11月8日の東京府達。同月13日から施行）。その第25条に「男女《なんにょ》相撲並ビニ蛇遣《へびつか》ヒ其他醜體《みにくきてい》ヲ見世物《みせもの》ニ出ス者」とあり、風俗の取締りを目的に男女相撲を禁止したのである。翌73年7月19日の太政官布告により各地方違式詿違条例が制定され、各地方にも公布・施行されることになった。

この解説図（『挿画違式詿違条例』細木藤七編　洋々堂　1878年）によれば、男女が一緒に相撲を取っている図が描かれており、この条例以前には、男女が同じ土俵で一緒に相撲を取っていたことが、うかがい知ることができる。しかし、女性同士が対戦する女相撲は禁止されてはいなく、その後も続けられるのである。

また、同条例22条では、「裸體《はだかみ》又ハ袒裼《はだぬき》シ或ハ股脚《ももあし》ヲ露《あらわに》シ醜體《みにくきさま》ナス者」とあり、肌の露出を禁止している。この条例では、男性の相撲を禁止するということはなかったが、裸体にまわし一つという相撲が窮地に立たされたのである。海外興行を企画したプロモーターに対して国会で、「裸で行う格闘技などの野蛮なものを海外に持ち出すとは国辱的である」という意見もあり、許可されなかったということもあったという。

そして、1877（明治10）年には、内務卿・大久保利通から、神社仏閣の境内での見世物興行の禁止が布達され、天保4（1833）年以降、回向院で行われていた勧進相撲が行えなくなるという危機に直面したのである。

しかし、相撲界は、相撲好きの明治天皇や伊藤博文を頼りに、東京遷都で東海道を行幸した天皇の錦の御旗の旗手を力士に務めさせたり、伊藤に頼み込んで、天覧相撲を開催したりした。天覧相撲は、1884（明治17）年3月10日のことで、本場所とは別に皇居で行なわれた。これは、明治の欧風化の風潮の中で苦闘していた相撲界復活の契機となった。

そして、明治の中後期になると、欧米諸国からの貴賓が来日するようになり、雨が降れば興行中止となるような相撲場ではダメだということで、屋根付きの常設館の建設の機運が高まったのである。板垣退助が常設館建設に奔走し、1909（明治42）年に相撲常設館が完成したのである。この常設館の名称などについては、前述のとおりである。

④土俵の「女人禁制」はいつからか、はっきりしたことはわからない

土俵の「女人禁制」はいつからかという疑問に答えなくてはならない。しかし、研究者の高埜利彦氏は、「相撲と女人禁制がいつ結びついたかは不明」（『朝日新聞』2018年4月24日）と言っているのである。それでは、日本相撲協会はなんと言っているのかその答えは次の新聞記事にある。「土俵の『女人禁制』は、同協会広報部の資料では『土俵は神聖なる場所であるためで、250年前の（現在の大相撲の源流

の）勧進相撲当初より守られている』とある。ただ、資料の作成過程は定かでなく、伝統の根拠となる文献なども同協会にはない。『とにかく伝統だと教え込まれてきた』と語る関係者も少なくない」（『毎日新聞』２０１８年4月11日付朝刊）という記述から、土俵の「女人禁制」はいつからかということについては、はっきりしたことは確認できないのである。もちろん、日本相撲協会の「定款」などを見ても、土俵の「女人禁制」については、一切記述されていない。「女性」という言葉も見当たらないのである。しかも、日本相撲協会は、「土俵の女人禁制は、……勧進相撲当初から守られている」としているが、今まで述べたように、勧進相撲に限っても、女性が土俵に上がっていたことは明らかであるので、この記述は誤りである。このような誤った記述を自分たちに都合がいいから無批判に継承し、「教え込まれてきた」と言い、責任転嫁をしているのではないかと見ることができる。

すでに述べたように、相撲の長い歴史の中では、はじめは、土俵は「女人禁制」ということもなく、女性も土俵に上がっていたのであるが、明治初めに、違式詿違条例が出され、男女相撲は禁止された。

それでは、それ以降、どのように変化していったのだろうか。これについては、「相撲における『女人禁制の伝統』について」（吉崎祥司、稲野一彦　北海道教育大学紀要、２００８年8月）という先行論文があるので、それをもとに記述したい。なお、上記論文の引用は「　」で示し、（　）は、同論文の掲載頁を示している。

「明治に入ると、近代化や家制度の創設に伴って、女性が相撲から排除されていき、女性が土俵上で『取っ組み合う』様子は、文明国家のものではないと考えられた」（85頁）、「家制度の制定に集約される男尊女卑の土壌が、相撲の女人禁制を浸透させていった」（85頁）、そして女性の排除を正当化するために用いられたのが、「『神道』との関わりという錦の御旗」（85頁）だった。「『穢れ思想』に基づいて、女性を差別する神道との関わりを利用したのである」（85頁）。「相撲と神道との関わりが長い歴史を持つこと自体に疑う余地はなさそうである。しかし、神道が持つ女性に対する穢れ思想と、これにもとづく女人禁制というものが前面に出てきて、相撲に大きな影響を与えたということについては、それほど古い歴史があるように思えない。相撲と神道との関わりは古くからのまさしく『伝統』であるが、『相撲は神道との関わりがあるから女性を排除する』というような論理は、明治以降に相撲界の企図によって虚構されたものであると考えられるのである」（85〜86頁）。

以上の引用文とともに、明治末の1909（明治42）年の自称「国技館」も関係していると考えられる。「国技館」ができ、外国人も相撲を見るようになった。このとき、「上半身裸の女性が格闘するのは外国に知られたくない恥ずかしい行為」とする批判もあり、女性が相撲から排除されていき、女相撲を禁止し、女性を土俵に上げなくなっていったことも考えられる。

これらを総合的に見て、長年相撲界に蔓延（はびこ）っていた男尊女卑の土壌が、土俵における「女人禁制」を相撲の伝統として浸透させていったのではないか。「女性は穢れているという神道の論理」をもとに、「土俵は神聖な場所なので、女人禁制」と女性への排除が正当化され、現在にまで至っていると考えられるのである。

⑤女相撲

江戸時代においては、女性が参加する見世物的な相撲や、女性同士が相撲を取る「女相撲」も行われていた。明治になっても、「女相撲」は、続けられていた。

1890（明治23）年には女相撲興行が東京で大々的に開催されている。その後山形県の「高玉一座」「石山一座」などが、全国規模で女相撲興行を行った。またこの2座以外にも小さいもので23程度の興行団体があったが、そのほとんどは山形県で誕生したものであった。

昭和に入ると、日本各地だけなく、サイパン、台湾、ハワイなどで海外巡業を行う一座もあった。

その巡業では、相撲の取組だけでなく、米俵や同じ一座の力士など重いものを持ち上げるのを見せたり、腹の上で餅をついて見せたり、米俵を前歯で咥えて見せたりというように、娯楽性の高いものでもあった。

さて、その女力士の格好は、江戸までは上半身裸で、ふんどし（まわし）一丁といういでたちであったが、明治になってからは本格的な取組が中心になってきたこともあり、上半身はシャツを着込み、下半身は短パンをはき、その上からまわしを締め込んだスタイルが一般的だったようだ。

上記の（面白おかしい見世物的な）興行相撲と違い、本格的な取組を中心とした相撲芸能もあった。このような相撲は九州の西北部で特に盛んだったようである。

この女相撲は取組以外にも相撲甚句、相撲踊り、土俵入り、弓取り式などの一通りの演技が披露された。位取りは前頭から大関までで、取組に際しては、東方と西方の力が大体同じレベルになるように配慮されており、行司も袴姿の女性が務めた。

これ以外にも長崎県では2、佐賀県では4、熊本県では4団体があったようである。

また、郷土芸能としての女相撲は落成式や祝いの席で披露されることが多く、披露の際にも実際の取組は行わず、相撲踊りを中心にする場合も多いようである。最近は女相撲を郷土芸能として登録したり、保存会が結成されたりする動きも活発化している。

また、農民にとって、雨は非常に大切な天の恵みであり、そのため天候は常に重大な関心事であった。雨を祈る雨乞いの儀式には様々な形態があるが、通常は男性によって行われるが、秋田県全般に多く見られる女相撲による雨乞いの儀式があった。雨乞いとしての女相撲が行われていた主な地域は7地域あったようである。このような行事を村人全員が一丸となって行うということで、お互いの結びつきを強め、時としては凶作への不安を解消したり、気持ちを和らげるレクリエーションの役目も果たしたのである。

ところで、一昨年、実在した「女相撲」をモチーフにした『菊とギロチン』（瀬々隆久監督）という映画が公開された。今では、レンタルも可能となっている。「女相撲」を知るうえで参考になるものと考える。最近では、ＷＯＷＷＯＷでも放送された。

⑥「わんぱく相撲」、女子の全国大会が開催される

「わんぱく相撲」は１９７６年に当時の社団法人東京青年会議所（現・公益社団法人東京青年会議所）が遊び場の少ない東京の子供達にスポーツの機会をより多く与え、心身の鍛練と健康の増進を目的として、身近に行えるスポーツである〝相撲〟をとりあげ、１９７７年に、23区全域に運動として展開したことに始まる。その後、１９８１年に、日本相撲協会と協力して、全国への普及運動も並行して行ってきた。

したがって、この「わんぱく相撲」と大相撲の巡業中に行う力士が土俵上で子どもに稽古をつける「ちびっこ相撲」とは、全く別のものである。

この「わんぱく相撲」においても、地方大会で勝ち進んだ女の子が、国技館の決勝大会に出場できなかったりした。あるいは、女の子を地方大会でも参加させなかったりしてきて、しばしば、このこともおかしいのではないかという指摘もあり、今回の一連のできごととともに、このことの成り行きも注目していた。

しかし、昨年の大会から、男女別々にではあるが、全国大会を実施するようになった。ただ、男子の会場は、両国国技館が改修中のため使用できなかったので、東京都墨田区総合体育館で開催された。また、女子の会場は東京都葛飾区の奥戸総合スポーツセンターで開催された。しかしこの「わんぱく相撲」も男女とも国技館開催となることが望まれる。

⑦宝塚歌劇団と歌舞伎など

相撲の「女人禁制」を論じるとき、宝塚歌劇団は女性のみが、歌舞伎は男性のみが関っているのではないかと論述する人がいるが、果たしてその論は理にかなったものかを次に述べる。

１９１４（大正３）年に「宝塚大劇場」が完成すると、斬新な歌と踊りによる華やかな舞台は瞬く間に注目を集め、宝塚歌劇団の人気は不動のものとなった。しかし、太平洋戦争が長く続く中で劇場が閉鎖され、公演を再開したのは敗戦直後の１９４６（昭和21）年のことであった。これと前後して、創業者の小林一三は「男子部」の結成を提案し、１９４５年に1期生5人が入団して誕生した。１９５２

年までに計25人が入団し、宝塚音楽学校などで歌やバレエのレッスンに励んだ。ところが「男子部」は結成からわずか8年余りで解散という悲劇を辿ることとなる。その最大の理由は、「宝塚の舞台に男は似合わない」「男役がいれば、本物の男は必要ない」といった、宝塚ファンや女子生徒たちの反発の声だった。そして、彼らはカーテン裏からコーラスに参加したり、舞台装置を動かしたりするなどの裏方に終始し、俳優として一度も劇場の舞台を踏むことはなかった。しかし、現在、宝塚歌劇団では、演出、舞台進行、舞台装置・設営で男性スタッフが大きな役割を果たしているし、宝塚という地名を付けているが、宝塚市が主催する団体でもないし、公益財団法人でもない。ここが、大相撲と大きく違っている点である。

なお、宝塚歌劇団の「男子部」のことについては前述したが、そのことに焦点を当てた舞台『宝塚ＢＯＹＳ』が、２００７年以来、上演されていることもあわせて紹介しておく。これは、その秘された史実と共に大きな感動を呼び話題となっている。

次に、歌舞伎は、女性が舞台に上がることは珍しいことではないし、松たか子さんは、１９９３年、16歳で「人情噺文七元結」で歌舞伎座の舞台に立っている。また、寺島しのぶさんは２０１７年、六本木歌舞伎「座頭市」の舞台に立っているし、女性の演出家もいるので、男性のみということも当たっていない。

また、歌舞伎の上演劇場である大阪松竹座や、新橋演舞場においても多くの女優さんが舞台に立っているし、その舞台が「神聖な場所であるから男性しか上げない」とか「女性しか上げない」とか、「女性は不浄だ」という意識を持ったという話を聞いたことがない。

ついでながら、能楽も長く女人禁制が続いたが、戦後間もなく津村紀三子が初めて能楽協会への加入を許され、風穴をあけた。能の奥義に迫る謡と舞で反対論者を黙らせた。２００４年には22人の女性能楽師が、初めて重要無形文化財保持者（総合指定）になっている。津村は性差について、「能はそんなちっぽけなものではない」と語っている。

4 「女性差別」を認めようとしない日本相撲協会は、憲法、法令違反

①土俵の「女人禁制は女性差別だ」ということについて（K）

まず、理事長談話の「おわりに」および、前述の談話の（二）を見てみよう。

おわりに

この度は暴力等の問題に続き、土俵の女人禁制をめぐる混乱を起こしまして、誠に申し訳ありません。

協会は「相撲文化の振興と国民の心身の向上に寄与する」ことを目的としています。協会が公益財団法人となった意味を十分かみしめながら（e）、国技（f）大相撲の運営に当たっていきたく存じます。土俵の厳しさを追求すること、ファンの方々に安全に楽しんでいただける工夫をこらしていくこと、できるだけ多くの方々（g）に大相撲への理解を深めていただくことに尽力してまいります。

大相撲を支えてくださるファンの方々に男女の区別はありません。幸いにして現在、大相撲の興行は大勢の方々からのご支持をいただいております。その大きな要因となっている女性ファンの皆さまには、日ごろから大変感謝いたしております。いつも応援をいただき誠にありがとうございます。今後とも女性の方々に一層愛される大相撲をめざしてまいります。

皆さまのご指導、ご鞭撻を何とぞよろしくお願い申し上げる次第でございます。

日本相撲協会は、２０１４年に「公益社団法人」として認められている。そこで、「公益社団法人及び公益財団法人の認定等に関する法律」を見てみる（抄録）。

第一章　総則

（定義）

第二条　この法律において、次の各号に掲げる用語の意義は、当該各号に定めるところによる。

一　公益社団法人　第四条の認定を受けた一般社団法人をいう。

四　公益目的事業　学術、技芸、慈善その他の公益に関する別表各号に掲げる種類の事業であって、不特定かつ多数の者の利益の増進に寄与するものをいう。

第二章　公益法人の認定等

第一節　公益法人の認定

（公益認定）

第四条　公益目的事業を行う一般社団法人又は一般財団法人は、行政庁の認定を受けることができる。

（公益認定の基準）

第五条　行政庁は、前条の認定（以下「公益認定」という。）の申請をした一般社団法人又は一般財団法人が次に掲げる基準に適合すると認めるときは、当該法人について公益認定をするものとする。

十四　一般社団法人にあっては、次のいずれにも該当するものであること。

イ　社員の資格の得喪に関して、当該法人の目的に照らし、不当に差別的な取扱いをする条件その他の不当な条件を付していないものであること。

ロ　社員総会において行使できる議決権の数、議決権を行使することができる事項、議決権の行使の条件その他の社員の議決権に関する定款の定めがある場合には、その定めが次のいずれにも該当するものであること。

（一）　社員の議決権に関して、当該法人の目的に照らし、不当に差別的な取扱いをしないものであること。

（公益認定の取消し）

第二十九条　行政庁は、公益法人が次のいずれかに該当するときは、その公益認定を取り消さなければならない。

一　第六条各号（第二号を除く。）のいずれかに該当するに至ったとき。

二　偽りその他不正の手段により公益認定、第十一条第一項の変更の認定又は第二十五条第一項の認可を受けたとき。
三　正当な理由がなく、前条第三項の規定による命令に従わないとき。
四　公益法人から公益認定の取消しの申請があったとき。
二　行政庁は、公益法人が次のいずれかに該当するときは、その公益認定を取り消すことができる。
一　第五条各号に掲げる基準のいずれかに適合しなくなったとき。
二　前節の規定を遵守していないとき。
三　前二号のほか、法令又は法令に基づく行政機関の処分に違反したとき。
別表（第二条関係）
十二　人種、性別その他の事由による不当な差別又は偏見の防止及び根絶を目的とする事業

（傍線は筆者）

このように、公益社団法人の認定については、「差別の禁止」ということが盛り込まれているのである。日本相撲協会は、（二）の談話にあるように、一連の問題を「女性差別と認めない」（K）。そして、「おわりに」では、「協会が公益財団法人となった意味を十分かみしめながら」（d）としている。これには「女性差別と認める」ことと「公益社団法人」とは深い関わりがあるからかも知れない。なぜなら、「女性差別である」と認めれば、公益法人としての資格がなくなるからかも知れないからである。しかし、だれが見ても、「女性というだけで土俵に上げない（あえてこの言葉を使用する）」、あるいは「ちびっこの女児が土俵に上がって相撲が取れない」となれば、女性差別以外の何物でもない。すなわち、ある

属性（この場合は女性であること）のみを理由に、正当な理由なく、土俵に上がることを排除するというのは、差別以外の何物でもない。日本相撲協会が「差別の意図がない」と、いくら叫んでも、「女性を排除している以上は、それを差別と言うのだ」ということを認識する必要がある。ここで、女子差別撤廃条約を見てみよう。

女子に対するあらゆる形態の差別の撤廃に関する条約

第一条

この条約の適用上、「女子に対する差別」とは、性に基づく区別、排除又は制限であって、政治的、経済的、社会的、文化的、市民的その他のいかなる分野においても、女子（婚姻をしているかいないかを問わない。）が男女の平等を基礎として人権及び基本的自由を認識し、享有し又は行使することを害し又は無効にする効果又は目的を有するものをいう（外務省ホームページより）。

これを見れば、国際基準として、「女子に対する差別」とは、「性に基づく区別、排除又は制限」であると明記されているのである。そして、この条約を、日本は１９８５年６月25日に批准しているのである。

このこともあわせて考えてみれば、日本相撲協会の主張は、国際的にも通用しないのである。

また、「女性は穢れている」、「女性が土俵に上がると土俵が穢れる」と言ってしまえば、女性差別であることが明白な事実となってしまうために、口が裂けても、「女性は穢れている」とは、絶対に言わないし、「女性が不浄だなんて思ってもいません」（P）と言い続けるのだろうか。

日本相撲協会が、どんな理屈をこねて、「女人禁制」の理由を女性に対する「不浄」視を根拠としているのではない、「伝統だから」と説明しても、女性が土俵に上がれないということそのものが、女性差別そのものだということを明確に認識する必要がある。そのうえで、日本相撲協会再生の道を探るのがベストであると考えるがいかがだろうか。

②相撲協会に対する税の優遇措置をやめること

次に、相撲協会に対する税の優遇措置がいかなるものかを、「相撲協会の業務・財政情報」から、決算金額を摘記して、考えてみることにする。表のように、最近においては、相撲協会の相撲事業収益だけで、年間約100億円であるが、支払った法人税はたったの15万円少しである。

女性を差別する団体に対して、なんという優遇措置かと言われても仕方ない。「女性差別」を続けるのなら、「公認取り消し」という措置も考えるべきではないか。というのは、「公益社団法人及び公益財団法人の認定等に関する法律」第5条には、はっきりと、「差別の禁止」が盛り込まれているし、第29条では、「第5条各号に掲げる基準のいずれかに適合しなくなったとき」「行政庁は、公益法人が次のいずれかに該当するときは、その公益認定を取り消さなければならない」とあるのである。国、文部科学省が、「第5条に

単位円

	相撲事業収益	法人税	国庫補助金	地方公共団体補助金
2014年	7,259,863,532	232,400	21,136,566	380,455
2015年	9,727,097,760	151,400	19,974,055	359,528
2016年	10,230,940,065	151,400	18,875,482	339,754
2017年	10,768,395,060	151,400	17,664,580	317,958
2018年	10,722,099,757	151,400	16,693,028	300,470
2019年	10,535,779,000	151,400	15,774,911	283,944

違反するから公益認定取り消し」をすればよいのではないだろうか。それが国、文部科学省としての法令順守の姿である。

筆者は、当初、税の優遇措置以外に国などからの支援はないと考えていた。その根拠は、次の第196回国会法務委員会（第8号　平成30年4月12日）の参議院議員真山勇一氏の質問に対して、政府参考人（内閣府公益認定等委員会事務局長　相馬清貴氏）の次の答弁によっていたからである。

　お答え申し上げます。先生から今、大相撲に対していろんな支援の話がちょっと言及がございました。現在、国から公益財団法人日本相撲協会に対して助成金は支払われておりません。その他の支援内容といたしましては、協会が主催する相撲の大会において優勝した力士には天皇賜杯が、スポーツの振興に極めて顕著な功績又は功労があったと認められる者については内閣総理大臣杯がそれぞれ授与されていると聞いております。

筆者は、この答弁を信じていたのである。しかし、調べてみたのが前ページの表の右の部分である。なるほど、支払っているのは、「補助金」であり、答弁の言う「助成金」ではない。なんという巧妙な言葉の擦り替えであることか。名目はともかくとして、国及び地方公共団体があわせて2000万円近い「補助金」を支給していることは明らかである。これは、言うまでもなく国民の税金から支出しているのである。したがって、国及び地方公共団体は、女性を差別する団体に、「補助金」を支給しているのである。

しかし、これを所管する文部科学省は、「土俵に女性を上げないのは差別である」と、日本相撲協会に対してしっかりと指導すべきであるが、そうしてこなかった。この責任も重大だと考える。

③国会議員の「日本相撲協会の女性を土俵に上げないことは、女性差別ではないのか」という指摘に、政府関係者の「相撲協会が自主的に判断すべきもの」という答弁には、納得がいかない

「日本相撲協会が女性を土俵に上げないことは女性差別ではないのか」という指摘に対して、国や文部科学省などはどのように考えているのだろうか。このことについて「衆議院・参議院会議録情報」をもとに考察していきたい。

第196国会参議院法務委員会（第7号　2018年4月10日）で、先に述べた真山勇一氏が法務大臣の上川陽子氏に対して、「今日は一つだけ、先日のこの日本相撲協会について、もうほとんど新聞報道で皆さん御存じだと思うんで、いきなりちょっと法務大臣に伺いたいんですけれども、この今回議論になった大相撲の土俵、女人禁制ということについて、差別じゃないかという指摘がかなりありますね。海外からもそういう、何かとてもおかしいとかという批判が出ていますけれども、これ法務大臣、これについて見解いかがでしょうか」と質問をしている。これに対して、上川大臣は、「民間団体でありまず日本相撲協会の対応につきまして、法務大臣としての意見ということを述べることにつきましては差し控えさせていただきたいというふうに思っておりますが、今後、日本相撲協会におきまして自主的に御判断されるものというふうに思っております」と答弁している。次に、先に述べた同参議院法務委員会（第8号　同4月12日）で、真山勇一氏が内閣府大臣政務官長坂康正氏に対して、「実は、やっぱりこの女性差別が問題じゃないかという世論が起きている中に一つ指摘があります。これ、長坂政務官にお伺いしたいんですけれども、その前に、ごめんなさい、一つ、この問題について長坂政務官御自身はどういうふうに感じられているのか、まずその御意見を伺いたいと思います。この大相撲の、

相撲協会における女性差別について」と質問している。これに対して、「恐れ入ります。お答え申し上げます。委員御指摘の点につきましては、民間の団体であります公益財団法人相撲協会において自主的に判断されるものと考えております」と、答弁している。また、同国会衆議院文部科学委員会（第10号、2018年5月11日）で櫻井周議員は、「市長がたまたま男性だったら土俵の上に上がれる、たまたま女性だったら土俵の上に上げない、これは女性差別じゃないですか。どうですか」と質問している。これに対して、田中良生内閣府副大臣は、「これは、民間法人であります日本相撲協会、この公益法人に関する事業活動ということであります。こうした事業を実施するに当たっては、基本的にはやはり法人自治の問題であるということであります。そして、公益法人を所管する内閣府といたしましては、公益認定法上、法律的にはこれは違反するものではない、なり得ないということであります」と答弁している。続いて、ちびっこ相撲で女の子が土俵に上がれないことについても、櫻井氏が「子供に対してまで女性差別を進める、こういうことは本当に教育上も大変な悪影響だと思うんですけれども、教育を担当する大臣として、この公益財団法人日本相撲協会による女性差別、これをどういうふうにお考えでしょうか」と質問している。これについて、林芳正文部科学大臣は、「巡業中の現場の運営は、基本的には相撲協会が自主的に判断すべきもの、そういうふうに考えております」と答弁している。

以上見てきたように、「女性差別ではないのか」との質問に対して、政府関係者は、「相撲協会が自主的に判断されるもの」と、判で押したように、同じ答弁を繰り返しているのである。これらの答弁を聞いてだれが納得できるのか。

ここで、法務省人権擁護局の『人権の擁護　みんなで築こう人権の世紀』という冊子を見てみよう。

その「主な人権課題」の一番最初に、「①女性」とある。そこには、「今なお、『女だから、……』という人がいます。女性というだけで社会参加や就職の機会が奪われることがあってはなりません。……男女の平等の理念は、「日本国憲法」に明記されており、……」と記述がある。このことを政府関係者は、どのように理解しているのだろうか。

また、筆者は、「差別かどうかの判断は、差別をしていると指摘されている人たちや団体（この場合、日本相撲協会）が自主的に判断すればよい」というような話を聞いたことがない。差別だと指摘した人たちや第三者の意見を聞くことが最も大切ではないのか。しかし、そういう発想すらなく、「相撲協会が自主的に判断されるもの」だということについては、とうてい納得しがたいものである。このような政府関係者の姿勢からは差別の問題を根本的に解決することは難しいのではないか。学校などにおいて、人権教育、とりわけ「差別」とはなにかということを教えるのに困ってしまうのではないだろうか。

おわりに

昨年3月8日の日本相撲協会の芝田山広報部長と宝塚市の中川市長との面談後、同市長は、記者団の取材に応じ、「芝田山部長は『時間はかかるが調査はするとお約束した』とする一方、『先人から受け継いだ伝統と文化を変えない勇気を持って邁進《まいしん》すると伝えた』と話した」という。また、「中川市長は面会後の取材に『暴力問題への対応を協会として急いでおり早々に決められないと言われた。人権侵害のような気持ちがすると話したら「心外だ」と激怒された』と話し、『女性は土俵に上がらないのがあるべき姿だと強く示された』と涙を浮かべた。協会側は女性差別を全面否定している」という（『産経新聞』２０１９年3月8日）。

また、「ＮＨＫ政治マガジン（２０１９年3月8日）」によると「中川市長によりますと芝田山親方は『土俵は男が真剣勝負をする場であり、女性を上げることは考えていない。女性差別だと言うのは間違いだ』と述べたということです。相撲協会は、去年（筆者注　２０１８年のこと）7月、この問題について検討する委員会を作っていますが、具体的に議論は進んでないと感じたということで、面談後、中川市長は『伝統の在り方を見直そうと声を上げましたが、相撲協会には太刀打ちできませんでした』と述べました。そのうえで『東京オリンピック・パラリンピックを控えて、かたくなに女人禁制と言うのは通用しないと思うので、多くの人の意見を聞き入れてほしい』と訴えていました」と伝えている。

これらのことを報道で見る限り、芝田山部長の言葉は、どうも納得しがたい。調査は約束したので実施するが、「先人から受け継いだ伝統と文化を変えない勇気を持って邁進する」という考えは、だれが何と言おうと、土俵の「女人禁制」は貫くと言っているとしか思えないのである。これと、理事長談話の「外部の方々のご意見をうかがうなどして検討したいと考えます」（Ｕ）ということとは大きく乖離していると思えてならない。「初めに結論ありき」で事を進めているのではないか。それとも、芝田山親方の思いだけが語られているのだろうか。そうであるなら理事会で、もっともっと議論してほしいものだ。

もしも、このような意見が理事長の思いとは違うと言うなら、勝手なことを言う理事には「厳重注意」

をすべきだし、それができないなら、日本相撲協会はもはや組織としての統制を失っているのだから、即刻、解散し、一から出直すべきだ。理事長も同じ考えと言うのであれば、２０１８年4月28日の理事長談話は何なのかと思う。

それともう一つ気になるのは、事は密室で運ばれているような気がしてならないことだ。２０１９年5月15日開催の「土俵と女性に関する調査委員会」については、いわゆる四大紙とよばれる新聞は、どこも報じていない。それもそのはず、「第1回の調査委員会を開いたというが、その事実は広報されず、どんなメンバーで構成されているのかすら明らかにしない」（２０１９年7月6日『朝日新聞』社説）からだ。もっと透明性のある委員会であるべきだ。

最後になるが、筆者は、舞鶴市長が土俵上で倒れたことから、宝塚市長の土俵下でのあいさつ、ちびっこ相撲、日本相撲協会の差別的な体質、とりわけ女性差別について明らかにしてきた。

日本相撲協会は、責任逃れをし、他人の意見を真摯に聴こうとせず、思考停止をしてしまっているとしか言いようがない、そして、「伝統」にしがみついている日本相撲協会には未来がない。自主的な改革を期待するけれども、それも無理なようである。そして、差別を差別と認めない団体には、「公益法人」を名乗ることは認められない。差別をする団体には国民の税金をびた一文たりとも使ってほしくないというのが筆者の思いである。

これまで述べてきたように、日本相撲協会のしていることは、女性差別であると述べてきた。このような団体に補助金を出すのは、憲法違反、法令違反でないのか。しかし、国や文部科学省などは、「女性を土俵に上げない」ことを差別行為だと認定するどころか、団体内部の問題だと矮小化し、相撲協会の言い分を認めて、指導もしていない。そして、漫然と補助金を出し続けている。これは、国・文部科学省などの怠慢であり、その責任は極めて大きい。もし、国・文部科学省などが差別でないと言うなら、人権教育、とりわけ「差別」について語る資格はないのではないか。今こそ、国民が正々堂々と物を言う絶好の機会である。この小論が一石を投じることになれば幸いである。

なお、本稿脱稿後、日本相撲協会のホームページが更新されているのに気付いた。その中で、次の3点について注目したい。

1点目は、2018年度「事業報告書」にあった「土俵と女性に関する調査委員会の発足の件」（23ページ）のその後の成り行きである。「Ⅳ．法人の課題　4．土俵と女性の問題について」で、「本件に関して、協会は今後丁寧な調査と検討を行うことを決定、理事長談話を発表し、この調査を目的とした、土俵と女性に関する調査委員会を発足させた。」（28ページ）と記述されている。ところが、「19年度事業計画書」には、何の記述もなかったが、「19年度事業報告書」には、「Ⅳ．法人の課題」で、「Ⅳ．法人の課題」の「4．土俵と女性の問題について」で、「土俵と女性に関する調査委員会を開催し、過去の調査方法やその結果を検証しつつ、今後の調査の方向性を検討を行った。」（30ページ）と記述されていた。しかし、「協会からのお知らせ」の項を見ても一切触れていない。また、20年の「相撲協会事業計画書」を読んだが、昨年設置した「大相撲の継承発展を考える有識者会議」については、記述があるが（7ページ）、「調査委員会」については一切記述されていない。ということは、「土俵と女性に関する」ことなどもはやあまり重要な課題であると考えていないのだろうかと勘ぐってしまう。

2点目は、19年、20年とも、「事業計画書」で、「2．公益目的事業（相撲文化の普及振興）」の「(4)広報活動」で、「③公式キャラクターの活用を積極的に行い、若・低年齢層、女性層のファン拡大に努めます。」と、今までになかった「若年層」、「女性層」の文言が挿入されている。これは、ちびっこ相撲や土俵の女人禁制の問題をかわそうという狙いがあるのだろうか。ここで思い出すのが、明治初めの山内容堂の「婦人をおろそかにしてはいけない」（三の①）という言葉である。

山内は、日本相撲協会に対して、「女性を差別しておいて、ファンの拡大はないだろう」と言っているような気がする。

3点目は、「協会の取り組み」の中に、「オリンピックへの取り組み」があり、「大相撲 東京2020オリンピック・パラリンピック場所」が開催されるという。その「概要」として、「本年開催されます東京2020オリンピック・パラリンピック競技大会を機に、世界中から日本文化への注目がより一層、集まる中で日本文化の象徴である大相撲のイベントを、東京2020大会の公式文化プログラムである「東京2020 NIPPONフェスティバル」の共催プログラムとして、8月12日（水）、13日（木）の2日間で行います。海外からのゲストに加え、障がいをお持ちの方など多様な人々に古き良き日本の伝統文化である、大相撲を理解してもらうことを目指します」と書かれている。ここで、東京オリンピックのゴルフ会場に予定されている「霞ヶ関カンツリー倶楽部」が、正会員を男性に限定していたが、オリンピック委員会（IOC）からの強い要請を受けて規則を変更し、女性正会員を承認したことと想起するとともに、伝統という名のもとに、女性を排除してきたことをぬきにして、「古き良き日本の伝統文化」と言えるのかなど、国際レベルでも「大相撲の女人禁制」の問題を議論してほしいものだ。

1　過去の土俵の「女人禁制」に関わるできごとに関する新聞記事など

※新聞などの見出し、新聞社名など、掲載日などの順に表す

①「わんぱく相撲　準優勝の女の子、なぜダメ　労働省と相撲協会『水入り』」『朝日新聞』１９７８・５・23夕刊
②「森山長官授与『待った』　相撲の総理杯　理事長が難色」『朝日新聞』１９９０・１・５朝刊
③「大相撲の総理杯授与　森山長官、土俵割る　『初場所はこだわらぬ』」『朝日新聞』１９９０・１・５夕刊
④「土俵下りた森山長官　『一石投じた』と満足顔」『朝日新聞』１９９０・１・６朝刊
⑤「問題提起の意味を改めて強調　『土俵』の男女平等論議」『朝日新聞』１９９０・１・９朝刊
⑥「女横綱に『待った』　わんぱく相撲　国技館の土俵上がれず」『朝日新聞』１９９１・７・３夕刊
⑦「太田知事　女性初に意欲　土俵上の賞授与　『伝統文化ご理解を』　協会拒否へ」『朝日新聞』２０００・２・９朝刊
⑧「『土俵の女人禁制』本社世論調査　大阪知事対相撲協会　47対37で知事に軍配」『朝日新聞』２０００・２・24朝刊
⑨「相撲協会、女性知事をうっちゃる　土俵へ『今場所は代理』決着、来春まで水入り」『朝日新聞』２０００・３・１朝刊
⑩「土俵の『女人禁制』問題先送りの決着　相撲協会　新たな道探る必要も」『朝日新聞』２０００・12・３朝刊
⑪「太田知事『土俵上で私が賞を』〝女性初〟再び意欲」『朝日新聞』２００１・３・１朝刊
⑫「大阪知事　今年も土俵に立てず　協会の意向尊重し断念」『朝日新聞』２００１・３・８朝刊
⑬「土俵と伝統　女性を拒まず、知恵を絞れ」『毎日新聞』２００１・３・９朝刊
⑭「内館牧子　土俵の『女人禁制』維持は妥当」『朝日新聞』２００１・３・17朝刊
⑮「巨泉の有閑悠閑」『朝日新聞』２００１・３・23夕刊
⑯「駿河台大学助教授秋山洋子　土俵での表彰は『公務の遂行』」『朝日新聞』２００１・３・29朝刊
⑰「社説　世界に開いてこそ国技」『朝日新聞』２００３・１・30朝刊

⑱「大相撲　大阪府知事、春場所も土俵上での授与見送りか」『毎日新聞』２００３・２・13朝刊
⑲「太田房江　大相撲　女性にも開いてこそ国技」『朝日新聞』２００３・２・16朝刊
⑳「土俵での表彰　太田知事また●　大相撲春場所、４年連続門前払い」『朝日新聞』２００３・２・22朝刊
㉑「大阪・太田知事、春場所も土俵に上がれず　来年は検討」『朝日新聞』２００３・２・27朝刊
㉒「Be between　テーマ　女性と土俵」『朝日新聞』２００４・３・６朝刊
㉓「『大相撲の知事賞　停止検討を』　大阪府監査委員が注文」『朝日新聞』２００４・３・13朝刊
㉔「大相撲春場所　知事賞授与『停止検討を』　大阪府監査委、太田知事に勧告」『毎日新聞』２００４・３・13朝刊
㉕「『女人禁制』の是非聞く　東海大教授ら　観客４００人対象に調査」『朝日新聞』２００４・３・21朝刊
㉖「舞の海秀平　戦いの場の伝統守りたい」『毎日新聞』２００４・４・２朝刊
㉗「女人禁制支持する声が多数／大相撲のアンケート」『朝日新聞』２００４・５・７朝刊
㉘「大相撲・女性知事土俵入り拒否問題　６割が反対　春場所　来場者アンケート」『毎日新聞』２００４・５・７朝刊
㉙「大相撲初場所　明日初日　女性が土俵に上がることへの否定的意見減少」『朝日新聞』２００５・１・８朝刊
㉚「相撲：女人禁制アンケート　太田知事、２場所連続〝勝ち越し〟表彰式土俵入り　ファン51％が『賛成』」『産経新聞』２００５・１・８朝刊
㉛「大相撲：太田房江・大阪府知事、春場所の表彰見送り」『毎日新聞』２００５・１・19夕刊
㉜「大相撲中継（生放送）」『ＮＨＫ』２００７・９・19　YouTubeで見ることができる
㉝「東西トーザイ　女性客が土俵に」『朝日新聞』２００７・９・20朝刊
㉞「意味不明のビラ、秋場所土俵に女性客のハプニング」『読売新聞』２００７・９・20朝刊
㉟「何に抗議？　土俵に女性乱入、高見盛らが取り押さえる」『産経新聞』２００７・９・20朝刊
㊱「女が土俵に乱入　女人禁制　大相撲初の珍事」『日刊スポーツ』２００７・９・20

2　舞鶴場所以降の新聞記事

※掲載日等はネット配信を含むので、実際の新聞掲載日とずれがある場合がある

①「土俵に心臓マッサージしていた女性に『降りて』　京都」『朝日新聞』2018・4・4
②「大相撲舞鶴場所　土俵上で多々見市長倒れる　京都」『毎日新聞』2018・4・5　地方版
③「土俵に女性、行司『頭の中で膨らんだ』　女人禁制の歴史」『朝日新聞』2018・4・5
④「『下りなさい』相撲協会員　口頭でも直接指示　心臓マッサージの女性は看護師」『産経新聞』2018・4・5
⑤「救命女性に『土俵降りて』は不適切　八角理事長が陳謝」『朝日新聞』2018・4・5
⑥「土俵に大量の塩まく　女性らが倒れた市長救命後　舞鶴」『朝日新聞』2018・4・5
⑦「舞鶴の春巡業　土俵上倒れた市長はくも膜下出血　容体安定」『毎日新聞』2018・4・5
⑧「『土俵上であいさつしたい』女性市長の要望、主催者側断る」『神戸新聞』NEXT　2018・4・5
⑨「『土俵上がれず、悔しいつらい』　宝塚場所の中川市長発言に拍手」『神戸新聞』NEXT　2018・4・6
⑩「大相撲　春巡業宝塚場所　市長『土俵上であいさつできない、悔しい』　兵庫」『毎日新聞』2018・4・7　地方版
⑪「女人禁制の議論を　土俵下あいさつの市長、文科省と相撲協会に要望へ」『神戸新聞』NEXT　2018・4・10
⑫「大相撲　土俵の女人禁制、議論再燃　『伝統』か『差別』か」『毎日新聞』2018・4・11
⑬「ちびっこ相撲でも…女の子は『遠慮して』相撲協会が要請」『朝日新聞』2018・4・12
⑭「ちびっこ相撲で女子排除　静岡巡業、協会要請」『日本経済新聞』2018・4・12
⑮「宝塚のちびっこ相撲も女児参加できず　相撲協会、今年から」『神戸新聞』NEXT　2018・4・12
⑯「『女人禁制』そもそもどうして生まれた？　宗教的に考えた」『朝日新聞』2018・4・12
⑰「学者も『よく分からない』　大相撲の女人禁制、起源とは」『朝日新聞』2018・4・18
⑱「【関西の議論】土俵は女人禁制、緊急時も思わず伝統重視…相撲協会が問われる社会とずれた教条主義」『産経新聞』

２０１８・４・23
⑲「相撲協会　28日に臨時理事会　女人禁制の『伝統』議論」『毎日新聞』２０１８・４・23
⑳「（耕論）『女人禁制』の壁　森山真弓さん、佐藤文香さん、高埜利彦さん」『朝日新聞』２０１８・４・24
㉑「相撲協会『土俵と女性』28日に臨時理事会を開催」『日刊スポーツ』２０１８・４・24
㉒「28日臨時理事会で〝女人禁制〟議案」『スポーツ報知』２０１８・４・24
㉓「相撲協会『女人禁制』協議へ　芝田山広報部長『いろいろな角度から柔軟に対応していかないと』『スポニチ』
２０１８・４・24
㉔「（社説）相撲の伝統―『女人禁制』を解くとき」『朝日新聞』２０１８・４・26
㉕「（社説）大相撲と『女人禁制』　伝統だけでは通用しない」『毎日新聞』２０１８・４・26
㉖「論点　大相撲の『女人禁制』」『毎日新聞』２０１８・４・27
㉗「女人禁制で相撲協会が指針　『土俵上がらぬ、受け継がれ』」『朝日新聞』デジタル　２０１８・４・28
㉘「八角理事長、異例の談話発表　緊急時は土俵に女性ＯＫ」『サンスポ』２０１８・４・29
㉙「土俵の『女人禁制』再検討へ」「ＮＨＫ時論公論」２０１８・５・２
㉚「大相撲『女性も土俵認めるべき』65％　朝日世論調査」『朝日新聞』デジタル　２０１８・５・20
㉛「土俵上の救命処置『男も女もない』、公務復帰の舞鶴市長」『産経新聞』２０１８・６・28　ネット
㉜「大相撲力士会、ちびっこ相撲復活要望へ　夏巡業から一時中止」『スポニチ』２０１８・８・29
㉝「鶴竜ボヤく『巡業盛り上がらない。ちびっ子相撲を』」『日刊スポーツ』２０１８・10・９
㉞「相撲協会が『女人禁制』の検証機関の設置明かす」『産経新聞』２０１９・３・８
㉟「大相撲より先進的？　わんぱく相撲、女子の全国大会創設へ」『朝日新聞』デジタル　２０１９・３・７
㊱「相撲協会、『女人禁制』で調査委員会を設置、検証へ　芝田山部長『調査はする』」『サンスポ』２０１９・３・８

㊲「相撲協会が『女人禁制』の検証機関の設置明かす」『産経新聞』WEST　2019・3・8
㊳「土俵女人禁制で日本相撲協会が調査委新設　宝塚市長と面談」『毎日新聞』2019・3・8
㊴「土俵の女人禁制は『大事な伝統』　宝塚市長と相撲協会面会」『神戸新聞』NEXT　2019・3・8
㊵「『女性を土俵に上げること考えてない』　相撲協会が中川智子市長に」『NHK政治マガジン』2019・3・8
㊶「鶴竜、ちびっこ相撲復活へ改革案『相撲界の未来を』」『日刊スポーツ』2019・5・1
㊷「力士会が巡業でのちびっこ相撲などの復活を要望へ　鶴竜『未来のことを考えて』」『デイリースポーツ』2019・5・1
㊸「相撲協会『土俵と女性』へ初会合　調査委員会、経緯など情報共有」『神戸新聞』NEXT　2019・5・15
㊹「（社説）女性と土俵　開放の議論どうなった」『朝日新聞』2019・7・6
㊺「巡業から消えた『ちびっ子相撲』子供ら笑顔の新企画」『日刊スポーツ』2019・10・26
㊻「大相撲広島巡業で子供らと『ふれあいコーナー』台風被災地へ『伝統』のたる募金も」『デイリースポーツ』2019・10・26

3　相撲の歴史に関わるもの

※著者（編者）名、書名、出版社、発行年の順に表す（以下同様）

①岡敬孝編『古今大相撲大要』1885（明治18）年
②北村博愛『相撲と武士道』浅草國技館　1911（明治44）年
③木村清九郎『相撲大全』榮泉社　1884（明治17）年
④塩入太輔編『相撲秘鑑』厳々堂　1886（明治19）年
⑤神宮司廳古事類苑出版事務所編『古事類苑　武技部6』古事類苑刊行會　1914（大正3）年
⑥出羽海谷右衛門『最近　相撲圖解』1917（大正7）年

⑦半渓散人『四十八手図解　相撲寶鑑』　１８９４（明治27）年
⑧彦山光三『土俵場規範』　大日本相撲協会出版部　１９３８（昭和13）年
⑨常陸山谷右衛門『相撲大鑑』　１９０９（明治42）年
⑩三木愛花他『相撲大観』　博文館　１９０３（明治36）年
⑪三木愛花編『増補訂正　日本角力史』　萬歳館　１９０９（明治42）年
⑫山田春塘編『新編　相撲大全』　服部書店　１９０１（明治34）年
⑬鎗田徳之助『日本相撲傳』　１９０２（明治35）年
⑭横山健堂『日本相撲史』　冨山房　１９４３（昭和18）年
☆以上は、「国立国会図書館デジタルコレクション」で、ネット検索することができる。ここにあげた著書は、明治から昭和の初めにかけて出版されたものであるが、土俵の「女人禁制」について書かれたものは見当たらなかった。
⑮池田雅雄『相撲の歴史』　平凡社　１９７７年
⑯上田正昭『日本文化の基層研究』　学生社　２００３年
⑰風見明『相撲、国技となる』　大修館書店　２００３年
⑱窪寺紘一『日本相撲大鑑』　新人物往来社　１９９２年
⑲高橋秀美『おすもうさん』　草思社　２０１０年
⑳新田一郎『相撲の歴史』　山川出版社　１９９４（平成６）年、のちに講談社 学術文庫　２０１０年
㉑長谷川明『相撲の誕生』　新潮選書　１９９３（平成５年）
㉒和歌森太郎　『相撲今むかし』　河出書房新書　１９６３（昭和38）年

4　女相撲に関するもの

①一階千絵「江戸時代の見世物女相撲」スポーツ人類學研究　２００３年
②一階千絵「日本における女相撲に関する言説とその変遷」人間科学研究　２００７年
③金田英子「興行としての女相撲に関する研究」日本体育大学紀要第22巻2号　１９９３（平成５）年
☆以上は、上記のタイトルで、ネット検索することができる。
④朝倉無聲『見世物研究』思文閣出版　１９７７（昭和52）年
⑤石山國彦「【手記】石山女相撲の戦後」（『別冊　東北学７』）東北文化研究センター　２００４年
⑥遠藤泰夫『女大関　若緑』朝日新聞社　２００４（平成16）年
⑦雄松比良彦『女相撲史研究』京都謫仙居　１９９３（平成５）年
⑧亀井好恵「女相撲への憧憬―興行女相撲の地域への影響を中心に」（『別冊　東北学７』）東北文化研究センター　２００４年
⑨千葉由香「やまがた女相撲異聞（前編）、（後編）」（『別冊　東北学６、７』）東北文化研究センター　２００３年、０４年
⑩遠藤喜道編『違式詿違御條目圖解』奎文房　１８７４（明治７）年
⑪細木藤七編『挿画違式詿違条例』洋々堂　１８７８（明治11）年
⑫山内秀光編『違式詿違条例（註解）』柳影社　１８７８（明治11）年
☆⑩～⑫は、「国立国会図書館デジタルコレクション」で、ネット検索することができる。

5　女人禁制に関するもの

①生沼芳弘他「大相撲における女人禁制の研究（Ⅰ）～（Ⅶ）」『東海大学紀要　体育学部』第34～37号　２００４～０７年
②吉崎祥司・稲野一彦「相撲における『女人禁制の伝統』について」『北海道教育大学紀要』第59巻　第1号　２００８年

☆以上は、上記のタイトルで、ネット検索することができる
③内館牧子『女はなぜ土俵に上がれないのか』 幻冬舎新書 ２００６年
④「大峰山女人禁制」の開放を求める会編『現代の「女人禁制」―性差別の根源を探る』 解放出版社 ２０１１年
⑤木津譲『女人禁制―現代穢れ・清め考』 解放出版社 １９９３年
⑥鈴木正崇『女人禁制』 吉川弘文館 ２００２年
⑦源淳子編『女人禁制Ｑ＆Ａ』 解放出版社 ２００５年

6 国会答弁

①国会 平成19年2月20日受領 答弁第55号
②国会 平成23年3月8日受領 答弁第107号
☆①、②は上記のタイトルで、ネット検索することができる。
③第196回国会 参議院 法務委員会 第7号 会議録 平成30年4月10日
④第196回国会 参議院 法務委員会 第8号 会議録 平成30年4月12日
⑤第196回国会 衆議院 文部科学委員会 第10号 会議録 平成30年5月11日
☆③〜⑤は、「国会会議録検索システム」→「キーワード」→「相撲協会」（「女人禁制」など）で検索できる。

7 日本相撲協会ホームページ

☆協会からのお知らせ、業務・財務情報（定款、収支予算・決算報告）、巡業部より などでこの小論に関する事項を検索できる。

あとがき

女人禁制――伝統と信仰

和歌山人権研究所のブックレットとして『女人禁制――伝統と信仰』を発行します。執筆者は、矢野治世美さん、木下浩良さん、藤里晃さんです。

和歌山人権研究所では、『和歌山の部落史』（全7巻・明石書店）の編纂事業後も、和歌山の部落史について研究を深めております。とくに、高野山金剛峯寺のご協力とご支援をいただいて、「金剛峯寺日並記」という江戸時代の高野山の日記の編纂事業をしております。

このブックレットはその成果の一端として矢野さんが「日並記」に見える高野山の「女人禁制」についてご紹介してくれています。また木下さんが高野山における「女人禁制」の歴史をまとめてくださいました。そして、藤里さんが大相撲における「女人禁制」についてこれまでの資料を丹念に読み込まれて問題点、課題を明らかにしてくださいました。

高野山は密教道場として弘法大師空海によって開かれました。空海は、日本古代からの山岳信仰や霊場としての山のあり方を利用して「女人禁制」の山の道場を開いたというのが、木下さんの紹介された説です。木下さんはそもそも密教に「女人禁制」はなく、修行上、女犯を避けるため女性を遠ざけたとするものです。

ところが、弘法大師への信仰が高まるなかで山岳への呪術的恐怖は克服され、女性の高野山へのお参りが増加し始めます。本来は、山そのものが「女人禁制」であったはずですが、ふもとの慈尊院からどんどん結界が縮小して、「女人堂」まで女性が参詣しているのです。この状況は矢野さんの紹介された「日並記」にも記録されています。「女人禁制」がどんどん無効化されていく史料と言ってもいいかもしれません。

そして明治という「近代化」のなかで「女人禁制」が「解除」されます。しかし、高野山ではすぐにというわけにはいきません。山内から強固な反対意見が出てきます。その論争を経て、現在のような状況が現れるのですが、木下さんによれば、その論争の中身に密教教学的な論争があったとされています。これはきわめて重要な指摘です。

「女人禁制」の解除は「太政官布告」によるものですが、その反対を叫ぶ高野山の僧侶は信仰上のものとしてその問題を受け止めたようです。「女人禁制」の教学的意味をないがしろにせず、再度、教学的に「女人禁制」を位置付けようとする論争のなかで女人への開放が行われたとする非常に重要な提起です。

当時の廃仏毀釈の嵐のなかで仏教の存在意義が否定されるなかで、みずからの「信仰」のありようを見つめようとしたことはたいへんに重要なことであり、現代のさまざまな差別問題への教団の取り組みにも大きな契機となることと考えられます。

それは、大相撲における「女人禁制」が主張されるとき、「伝統的神事」であるということに、「納得」、あるいは「思考放棄」してしまうわれわれの態度への大きな警鐘となると思われます。

この「伝統」と「神事」を藤里さんはみごとに引きずり出してくれました。ややもすると「日常の制度」のなかで流されるわれわれの意識をその「日常的な記録」のなかで具体化してくれた力作だと思います。大相撲の土俵の「女人禁制」はこの問題提起から議論されるべきでしょう。

高野山と大相撲における「女人禁制」という現象について、解放への取り組みが後ずさりすることなく、そしてさらなる展開のためにも真摯な議論を重ねることが重要であることは改めて申すまでもないことです。

本書がその一石となることを願ってやみません。

一般社団法人和歌山人権研究所　事務局

表紙写真　　後藤優花

人権ブックレット21号　　女人禁制――伝統と信仰

2020年7月14日　初版第1刷発行

編集・発行　一般社団法人和歌山人権研究所
〒640-8315　和歌山県和歌山市津秦163-4
TEL 073-474-4400　FAX 073-474-4401
E-mail:jinken@fine.ocn.ne.jp

発　売　株式会社 阿吽社
〒602-0017　京都市上京区衣棚通上御霊前下ル
上木ノ下町73-9
TEL 075-414-8951　FAX 075-414-8952
URL:aunsha.co.jp
E-mail:info@aunsha.co.jp

印刷・製本　亜細亜印刷株式会社

ISBN978-4-907244-40-8

定価は表紙に表示してあります

一般社団法人 和歌山人権研究所

〒640-8315　和歌山県和歌山市津秦163-4

電話073-474-4400　FAX 073-474-4401　メール jinken@fine.ocn.ne.jp